| 高校社科研究文库 |

企业外部创新网络对
科技创新效率影响的实证分析

宋来胜 | 著

光明日报出版社

图书在版编目（CIP）数据

企业外部创新网络对科技创新效率影响的实证分析 / 宋来胜著 . -- 北京：光明日报出版社，2018. 6

ISBN 978 - 7 - 5194 - 4242 - 2

Ⅰ. ①企… Ⅱ. ①宋… Ⅲ. ①企业创新—研究 Ⅳ. ①F273. 1

中国版本图书馆 CIP 数据核字（2018）第 116728 号

企业外部创新网络对科技创新效率影响的实证分析

QIYE WAIBU CHUANGXIN WANGLUO DUI KEJI CHUANGXIN XIAOLV YINGXIANG DE SHIZHENG FENXI

著　　者：宋来胜

责任编辑：郭玫君　　　　责任校对：赵鸣鸣
封面设计：中联学林　　　　责任印制：曹　诤

出版发行：光明日报出版社
地　　址：北京市西城区永安路 106 号，100050
电　　话：010 - 63131930（邮购）
传　　真：010 - 67078227，67078255
网　　址：http：//book. gmw. cn
E - mail：gaomeijun@ gmw. cn
法律顾问：北京德恒律师事务所龚柳方律师

印　　刷：三河市华东印刷有限公司
装　　订：三河市华东印刷有限公司
本书如有破损、缺页、装订错误，请与本社联系调换

开　　本：170mm×240mm
字　　数：145 千字　　　　印　　张：13
版　　次：2019 年 8 月第 1 版　　　　印　　次：2019 年 8 月第 1 次印刷
书　　号：ISBN 978 - 7 - 5194 - 4242 - 2

定　　价：58. 00 元

前 言

科技创新能力是一个国家经济高质量增长的源泉，建立以企业为主体的科技创新体系已经得到我国政府相关部门的高度重视。目前，我国企业存在科技创新动力不强、积极性不高、科技创新资源不足、科技创新资源配置效率较低等问题，从而导致企业科技创新资源利用效率比较低下，因此，如何提高科技创新资源的利用效率已经成为我国政府部门、企业、学校和研究机构等共同关注的问题。

我国中长期科技发展规划提出，我国争取在2020年成为创新型国家。在科技进步和产业转型升级的背景下，科技创新的不确定性与复杂性日益增加，单独依靠企业自身开展有效的科技创新就变得相当困难。面对这种形势，企业为了维持其在市场竞争中的竞争优势，需要着手在科技创新的每个阶段寻求合作伙伴以实现更高的创新绩效。Chesbrough 教授2003年首次提出开放式创新这种全新思维模式。开放式创新是指企业在科技创新的实施过程中，可以同时利用企业内部、企业外部互补性创新资源开展科技创新活动，企业技术商业化路径既可以从企业内部进行，也可以通过企业外部途径得以实现。目前，相当多的企业往往选择与其他企业构建网络伙伴关系从而来共同研发或共享知识。在这个过程中，企业和各伙伴，例如高校、研究机构和其他企业等，建立起协作关系，实现价值链上资源和信息的共享和互补，而且这种协同效应会使得企业能够获得更高层次的产品与流程创新。因为，在开放式科技创新情境下，创新网络是企业成长与发展，特别是企业竞争力孕育、强化的重要载体。另外，Hippel教授及其研究团队大量地考察研究美国企业后于2002年提出，客户也是企业的外部资源之一，企业把客户融入到科技创新过程，不仅会对企业或组织间的协同创新模式形成有效补充，而且能够获得相对于封闭式创新的多种优势。因为，产品创新来自于客户需求，客户比企业更了解自己的需求，企业与客户协同产品创新，相对于企业自己投入人力和物力来获得、详细分析、映射、转化客户的需求来说，可以节约更多的时间与成本，降低“黏滞”信息的消极影响；还有，客户拥有与产品相关的使用知识、经验和创新等方面的信息，企业协同客户创新有利于企业生产出更能迎合市场需求、更加新颖的创新产品（CUI A S和WU F，2015；VON HIPPEL，2010；STENMARK P et al.，2011；BONNER，2010）。因此，很多学者认为，企业科技创新效率是企业内部、外部各种因素共同影响而形成的，其中，企业内部因素包括企业内部研发投入（研发资本投入和研发人员投入），外部因素包括政府研发资助、高校和研究机构的创新资源和创意、客户知识及其创新能力等。并且，现有文献比较偏重于研究政府研发资助、企业内部研发投入与科技创新效率三者间的关系，专门从企业外部创新网络的视角进行研究的文献比较缺乏，因此，本文独辟蹊径从这个方面进行改进。

政府研发资助政策是否有效呢？换句话说，政府支持是否真能有效地提高科技创新效率呢？如果回答是肯定的，则政府支持又能够在多大程度上激励企业科技创新？如果回答是否定的，那么是什么原因造成的呢？我国政府研发资助对企业内部研发投入的影响如何？企业外部创新网络对我国科技创新效率影响如何？对于这些问题，目前我们还没有全面了解。因此，研究企业外部创新网络主体，如政府部门、其他创新企业、高校、研究机构、协同创新客户等对科技创新效率的影响，并对政府研发资助、企业内部研发投入、企业外部研发支出之间的关系进行研究，就具有重要的理论价值和现实意义。

本书的理论意义主要体现在：(1) 对相关文献进行了全面梳理；(2) 对技术创新理论、政府研发资助理论、开放式创新理论和客户协同创新理论进行了叙述；(3) 运用归纳、分析的方法就政府研发资助对企业内部研发投入、政府研发资助对开放式创新和政府研发资助对企业科技创新效率的影响机理以及客户协同创新对企业科技创新效率的影响机理进行了系统性的归纳分析；(4) 从省级层面考察分析政府研发资助、企业外部研发支出、客户协同创新对科技创新效率的影响程度；(5) 从省级层面考察分析政府研发资助与企业内部研发投入、企业外部研发支出之间的相互关系。

本书的现实意义主要体现在：(1) 对我国31个省（市、区）2000—2014年的科技创新效率进行了测算；(2) 通过就政府研发资助对科技创新效率的作用机制进行分析，探讨了政府研发资助存在的问题；(3) 通过就政府研发资助对企业内部研发投入和企业外部研发支出的影响进行实证研究，为政府部门更好地制定资助政策提供理论依据；（4）实证分析政府研发资助、企业外部研发支出和客户协同创新对科技创新效率的影响，通过对东、中、西部地区回归结果的对比，从地区特征的角度探寻影响科技创新效率的主要因素，为政府制定更有针对性的政策提供理论参考。

鉴于此，本书采用理论分析和实证分析相结合、制度分析与计量分析相结合的方法，综合运用发展经济学、区域经济学、新制度经济学、计量经济学和统计学等多个学科的知识来分析，全书六个部分之间存在内在的逻辑联系，以“背景分析—概念界定—理论基础—现状分析—机理分析—实证分析—研究结论、对策建议和研究展望”为主线展开。

第一部分是研究背景、研究意义、研究目的、研究方法、研究思路、基本概念的界定和相关文献综述。这部分就是导论的内容，是全书理论和实证分析的基础和前提。第二部分是技术创新、政府研发资助、开放式创新和客户协同创新的理论基础，对应于第一章的内容。这部分是在前面基本概念界定和文献综述的基础上，就技术创新理论起源、技术创新理论的发展、R&D 投资的外部性、R&D 投资的不确定性、社会网络理论、社会互赖理论、三螺旋理论、用户创新、领先用户、客户参与产品协同创新的动机、客户参与产品创新的内容进行了叙述。第三部分是现状分析，对应于第二章的内容。这部分是对我国政府研发资助、企业外部研发支出、客户协同创新和科技创新效率的现状进行分析。第四部分是机理分析部分，是对政府研发资助对企业内部研发投入的影响机理、政府研发资助对开放式创新的影响机理、政府研发资助对企业科技创新效率的影响机理和客户协同创新对企业科技创新效率的影响机理进行分析，对应于第三章的内容。第五部分是实证分析部分，包括就政府研发资助、企业外部研发支出和客户协同创新对科技创新效率的影响进行随机前沿分析，以及就政府研发资助对企业内部研发投入、企业外部研发支出及其三个细分维度的影响进行脉冲响应分析，对应于第四章和第五章内容。第六部分是研究结论、对策建议和研究展望，该部分对全书形成的主要结论进行总结，提出了一些提高科技创新效率的对策建议，并对后续可以重点研究的课题进行了展望，对应于第六章内容。

本书从企业外部创新网络的视角，通过对政府研发资助、企业外部研发支出、客户协同创新、科技创新效率的基本理论、影响机理的总结和实证分析，得到以下主要结论：

1. 全国整体科技创新效率呈现波浪上升趋势，浮动区间在0.48—0.78之间，存在较大的提升空间；科技创新效率呈现东部地区高、西部地区低、中部地区居中的地区差异性特征；东部地区各省份科技创新效率从发散趋向收敛，中部地区平均效率和东部地区平均效率趋向收敛，中部地区的追赶效应明显，西部地区科技创新效率趋于收敛、且略有下降，与东部、中部地区科技创新效率差距不断扩大。

2. 无论是全国整体，还是东部地区、中部地区和西部地区，政府研发资助对我国科技创新效率都存在负向影响，存在一定程度的“政府失灵”，企业外部研发支出对我国科技创新效率存在正向作用，政府研发资助对企业内部研发投入存在诱导效应，政府研发资助对企业外部研发支出存在挤出效应；从分组回归结果来看，企业外部研发支出对东部地区科技创新效率存在正向影响，对中部地区和西部地区科技创新效率不存在显著性影响；东部地区，政府研发资助对企业内部研发投入存在诱导效应，政府研发资助对企业外部研发支出存在挤出效应；中部地区，政府研发资助对企业内部研发投入存在挤出效应，政府研发资助对企业外部研发支出存在诱导效应；西部地区，政府研发资助对企业内部研发投入存在挤出效应，政府研发资助对企业外部研发支出存在诱导效应。无论是全国整体，还是东部地区、中部地区和西部地区，客户协同创新对科技创新效率均不存在显著性影响。

3. 政府研发资助对全国整体和东部地区企业内部研发投入存在短期为正向、长期亦为正向的影响，对全国整体和东部地区企业外部研发支出存在短期为负、长期为正的差异性影响，对全国整体和东部地区本土企业间合作研发存在短期为零、长期为零的差异性影响，对全国整体本土企业与跨国公司合作创新存在短期为负、长期为零的差异性影响，对全国整体产学研协同创新存在短期为零、长期为正的差异性影响。对东部地区本土企业与跨国公司合作创新存在短期为零、长期为正的差异性影响，对东部地区产学研协同创新存在逐年递减的正向影响。对中部地区和西部地区企业内部研发投入存在短期为零、长期为正的差异性影响；对中部地区和西部地区本土企业与跨国公司合作创新存在短期为零、长期为正的差异性影响；对中部地区和西部地区本土企业间合作研发存在短期为正、长期为零的影响；对中部地区和西部地区产学研协同创新存在短期为零、长期为正的影响。对中部地区企业外部研发支出存在短期为零、长期为正的差异性影响；对西部地区企业外部研发支出存在逐年递减的正向影响。

为了改善科技创新效率、促使科技创新产出尽可能接近前沿面，我们提出了以下对策建议：

1. 打击寻租腐败，严防科技创新领域腐败的滋生；

2. 建立新型的政企关系；

3. 增加政府科技创新资助金额；

4. 扭转当前政府部门对企业研发支持的扭曲局面，实现政府外源性供给和企业内生性需求的匹配对接；

5. 充分发挥东部、中部和西部地区客户协同创新的科技创新效应。

目前，企业外部创新网络对技术创新效率影响的研究尚处于起步阶段，后续可以重点研究以下五个问题：

1. 研究企业外部创新网络成员，例如政府部门、供应商、中介机构、其他创新企业、高校、研究机构、跨国公司研发机构的个体差异性及其对技术创新效率影响的研究，以及研究探讨企业外部创新网络成员知识异质性在影响技术创新过程与技术创新产出中发挥的作用，尤其是在“政产学研”方面。

2. 从转型经济背景研究某个具体产业，例如服务业，企业外部创新网络对技术创新效率影响及其治理问题。由于我国环境动荡、制度建设不完善等特征，转型经济的某个具体产业，例如服务业企业外部创新网络治理与西方发达国家有着显著差异。另外，在智能生产和服务网络体系背景下产业技术创新平台将来的发展态势与研究方向也是值得进行深入探讨的。

3. 针对我国产业集群间跨区域整合的现实问题，在经济转型的背景下，研究群际协同创新对技术创新效率影响，以及群际协同创新过程中知识溢出和共享的微观行为和过程等问题，这对于获得产业发展以及产业集群经济发展的核心竞争力具有一定的指导意义。

4. 从逆向网嵌入理论视角研究国外创新网络对技术创新效率影响和国外子公司逆向嵌入网络特征、知识传导、研发创新的过程以及一般机理，可以为政府部门出台政策支持我国企业“走出去”研发创新提供理论借鉴。为避免国外子公司处于技术创新“孤岛”，出现网络构建残缺、内外联动不强、国外子公司反哺能力低等问题，对提高国外子公司知识吸收能力与技术创新能力、提升集团公司技术创新整体绩效具有重要指导意义。另外，国家创新系统的国际化也是未来值得研究的重要课题。

5. 国家技术创新系统包括影响技术创新活动开发、利用和扩散的全部重要的政治、经济、社会、制度、组织及其他因素，显然，单个学科均不能全面地认识、理解国家技术创新系统，需要包括管理学、经济学、地理学、政治学和社会学等多个学科对其开展综合性研究，例如，近年一些学者把管理学的知识管理概念引入到国家技术创新系统的研究当中。因此，探讨多学科综合研究对技术创新效率的影响也是亟待深入研究的课题。

目 录
CONTENTS

导　论

第一节　问题及其研究意义

全要素生产率（TFP）是指在各种生产要素投入数量既定的情况下，所能实现的额外生产效率，其是推动一个国家经济增长的持久动力。陆旸（2016）认为，“人口红利”创造的“机会窗口”是我国 1978 至 2008 年经济高速增长的重要原因之一，即劳动年龄人口的迅猛增加有助于劳动力供给，不断下降的人口抚养比有助于资本积累，进而为我国经济增长创造了有助于要素积累的条件。只不过，2011 年以来，我国人口结构却发生了根本性的转变——劳动年龄人口不断减少，人口抚养比开始增加，即“人口红利”消失，出现“人口负债”，并且我国全要素生产率（TFP）也在继续下降。蔡昉 2015 年指出，全要素生产率是经济新常态下经济增长动力，李克强总理在 2015 年《政府工作报告》中提出增加研发投入，提高全要素生产率。据统计，我国研发投入由2000年的895.66亿元增加到2014年的13015.63亿元，年均增长18.21%，研发强度由2000年的0.9%提升到2014年的2.05%，但没有改变我国研发投入与全要素生产率存在较弱关联、大多数企业仍被锁定在低附加值产品生产领域的现状。《国家创新蓝皮书：中国创新发展报告（2014）》也明确提出，我国创新能力与日本、美国的最大差距就在于科技创新效率。因此，就需要从更深的层次解决科技创新效率不足的问题。

Nelson（1959）、Arrow（1962）是最早开始研究政府对企业研发活动进行资助的专家学者，他们认为研发活动的正向溢出效应使得企业研发投入低于社会最适水平，政府直接从事研发活动或者对企业的研发活动进行资助可以实现研发投入的帕累托最优。Romer（1990）、Barro（1990）等采用内生增长模型进行实证分析后指出，政府对企业非研发生产活动征税或者对企业R&D活动进行资助会促使社会生产要素流向研发领域，从而加快经济增长速度，提高社会福利。Guellec和Pottlesberghe（2001）对经济合作与发展组织国家1980至1998年全要素生产率（Total Factor Productivity）的实证研究后发现，政府研发资助每增加1%，全要素生产率将提高0.17%。联合国教科文组织（UNESCO）的研究发现，美国、德国、英国等发达资本主义国家在工业化起步时期，政府研发投入的比重都接近或者超过50%，甚至在基本实现工业化的时期，政府研发投入也处于较高的水平。只不过，我国政府研发投入的大幅增长并没有带来相应企业技术水平的大幅提升，这促使我们思考我国政府R&D资助是否充分发挥了其在科技创新方面的促进作用，政府对企业的研发活动进行资助的效果究竟如何等问题。解决好了这些问题，便于我们理解政府研发资助及其发挥激励作用的机理，从而进一步优化政府研发资助政策，改善政府研发资助效果。

快速的技术进步、变化的信息环境和崭新的商业模式使企业面临着前所未有的复杂的外部环境。为了应对日益激烈的市场竞争和进一步缩短产品生命周期（product life cycle），企业需要更加高效地研发新产品。只不过，技术复杂度及其融合度持续提高使得企业独立开展研发活动的风险愈来愈大，因此，以研发合作为基础的开放式创新（open innovation）就成为企业开展科技创新活动时的必然选择。目前，在全球开放式创新的背景下，企业可以从外部环境中找寻有利于自身发展的研发资源。由于我国企业无论在资金实力方面，还是在技术能力、企业规模、内部技术创新资源方面，都显得比较薄弱或者有限，仅仅依靠自身的资源和实力来进行科技创新就显得尤为困难。开放式创新先导者 Chesbrough 提出，企业可以舍弃传统的封闭式创新模式而积极开展开放式创新活动。企业开展开放式创新活动意味着企业从内部和外部获得有价值的创意，其商业化路径亦可以从企业内部与外部协同进行，开放式创新企业边界是相互渗透的。因此，我国企业应该接受开放式创新理念和机制，充分利用外部丰富的资源，通过提升企业对外部知识的吸收能力，积极与广大外部资源开展研发合作，进而提升企业的科技创新绩效以及效率。在市场竞争越来越激烈、客户需求个性化和多元化的背景下，快速地开发出创新产品已经成为企业快速发展以及获取市场竞争优势的重要途径。因此，我们还认为，客户也是企业非常重要的外部资源之一，企业与客户协同产品创新作为一种新的、具有发展潜力、应用前景远大的产品科技创新方式已经被许多企业所采用。

与此同时，促进企业开展开放式创新（包括客户协同创新），推进成果产业化进程，提高产业科学技术含量，实现产业转型升级，增强企业竞争力，已经成为推动我国经济增长与促进科学技术进步的重要途径。因此，政府部门建立健全开放式创新法规政策，创造良好的开放式创新（包括客户协同创新）政策环境，并对开放式创新（包括客户协同创新）活动进行资助，引导企业将自己的资金与高校、研究机构的技术结合起来，发展紧密型的研发合作和客户协同创新具有重要意义。

Lichtenthaler（2009）认为，在开放式科技创新的背景下，围绕知识、学习的企业科技创新活动主要包括发明活动、转化活动、吸收活动、创新活动、连接活动和解析活动等。而组织双元性研究则认为，当竞争加剧、变革的步伐加快，企业需要通过开发利用现有的能力和探索新的能力来赋予自己新的活力（Jansen et al.，2006）。在 Flores et al.（2012）等知识管理学者看来，成功的企业创新需要协调好信息获取、信息传播、信息翻译、知识整合和组织记忆等活动。创新的知识重组观（recombinant view）则认为创新来自于企业组合新的知识或者对于已有知识的重新组合（Fleming，2002）。此外，Morrow et al.（2007）等研究指出，企业不仅仅只是在外部寻求新的知识，同时也要跟内部努力结合来创造可靠的知识基础。可见，企业的创新行为在不同的研究中有着不同的界定，这也体现出企业创新行为的复杂性。企业开展创新活动通常需要持续的资金投入，这种资助主要用于支持有经验的员工创新、引进和培养人才、购买专用设施以及最先进的设备等（Helfat et al.，2007）。考虑到在开发新的产品和能力方面的投资所导致的成本，企业需要一定的激励和引导，进而联合这些产品的收益来抵消其在新的能力上的投入（Helfat 和 Winter，2011）。

因此，本书对创新网络、政府研发资助、开放式创新、客户协同创新等方面的相关文献进行了梳理，对技术创新理论、政府研发资助理论、开放式创新理论和客户协同创新理论进行了阐述，对我国政府研发资助、企业外部研发支出、客户协同创新和科技创新效率的现状进行了叙述，对政府研发资助对企业内部研发投入、政府研发资助对开放式创新和政府研发资助对企业科技创新效率的影响机理以及客户协同创新对企业科技创新效率的影响机理进行了系统性的归纳分析，选用国家统计局东、中、西三大经济地带的划分方法对我国 31 个省（市、区）进行分组，实证分析政府研发资助、企业内部研发投入和企业外部研发支出之间的关系，以及政府研发资助、企业外部研发支出和客户协同创新在创新过程起到的作用，来更好的解释科技创新效率总体水平不高的内在原因，全面、深入、准确地回答这些问题不仅能够为政府部门制定有效的科技创新政策组合来推动企业开展科技创新活动提供理论参考，也可以为企业开展科技创新管理实践提供理论指导。

本书的研究意义在于：

1. 本书对创新网络、政府研究资助、开放式创新、客户协同创新相关的国内外文献进行了梳理。

2. 运用归纳、分析的方法就政府研发资助对企业内部研发投入的影响机理、政府研发资助对开放式创新的影响机理、政府研发资助对企业科技创新效率的影响机理和客户协同创新对企业科技创新效率的影响机理进行了系统性的归纳分析。

3. 对我国31个省（市、区）2000—2014年的科技创新效率进行了测算。

孙建（2012）采用考虑个体效应（individual effect）的随机前沿分析模型进行估算后提出，1999至2008年，我国绝大部分省份科技创新效率均在0.8以上，并且天津、北京、江苏、上海、广东、浙江等省份的科技创新平均效率均在0.9以上，其中，上海、浙江和江苏三个省的科技创新平均效率高达0.98以上。张宗益等（2006）采用1998—2003年31个省省级面板数据进行SFA分析后指出，1998—2003年我国平均科技创新效率分别为0.2919、0.299、0.3062、0.3135、0.3207、0.3288，这表明我国科技创新效率有很大的提升空间。以上学者的估算结果存在巨大的差异，那么我国全国整体的科技创新效率水平究竟是多少？我国31个省（市、区）各个年份的科技创新效率到底处于一个什么水平？为了解决这些问题，我们采用我国31个省（市、区）2000—2014年省级面板数据对我国科技创新效率进行了估算，结果显示，全国整体科技创新效率呈现波浪上升趋势，浮动区间在0.48—0.78之间，其中，2014年为0.549。这个结果与罗彦如等（2010）的结果基本一致。

4. 丰富和发展了科技创新效率方面的理论。

在科技创新效率方面的理论研究中，例如，洪嵩（2015）的研究内容聚焦于考察政府R&D资助、企业R&D投入与创新效率之间的关系，我们不能说他的研究内容比较狭窄，至少可以说他研究的内容不够广泛。开放式创新理论的提出者Chesbrough（2003）认为，开放式创新企业能够从企业内部和外部汲取富有价值的资源和创意，其产业化路径也能够同时从企业内部或外部进行，并且把外部创意与外部商业化渠道的功能上升到与内部创意、内部产业化渠道一样重要的地位。换句话说，企业可以通过构建创新网络从而有效地从外部获取创新资源，提高科技创新能力。创新网络分为全球创新网络、区域创新网络和企业创新网络。区域创新网络是地方行为主体，包括地方政府、企业、科研院所、大学等组织及其个人，之间通过长期的正式或者非正式的合作和交流而形成的一个相对稳定的系统（盖文启和王缉慈，1999），企业创新网络是指在科技创新过程中以企业为中心的各种正式或非正式的合作关系总体结构（王大洲，2001），全球创新网络就是把开放式创新的地理范围扩展到全球（马琳和吴金希，2011）。由于数据的获得以及精力的有限性，我们就从企业外部创新网络的视角，仅仅考察研究政府研发资助、企业外部研发支出、客户协同创新与科技创新效率之间的关系，进而丰富和发展了科技创新效率方面的理论。

5. 揭示了政府研发资助和企业内部研发投入之间的关系。

政府研发资助和企业内部研发投入两者之间是协同关系，还是替代关系，专家学者们的观点是不一致的。本书采用我国 31 个省（市、区）2000—2014 年的数据进行随机前沿分析后发现，全国整体，政府研发资助对企业内部研发投入存在诱导效应，政府研发资助对企业外部研发支出存在挤出效应，东部地区，政府研发资助对企业内部研发投入存在诱导效应，政府研发资助对企业外部研发支出存在挤出效应，中部地区，政府研发资助对企业内部研发投入存在挤出效应，政府研发资助对企业外部研发支出存在诱导效应，西部地区，政府研发资助对企业内部研发投入存在挤出效应，政府研发资助对企业外部研发支出存在诱导效应，从而揭开了政府研发资助和企业内部研发投入之间关系的“暗箱”，并采用脉冲响应分析方法对实证结果进行了验证。

6. 考察研究了政府研发资助对企业开放式创新的影响。

目前，研究政府研发资助对企业开放式创新影响的文献相对比较缺乏，本书创新地研究了政府研发资助对企业开放式创新的影响，并从企业外部研发支出的视角，从本土企业与跨国公司合作创新、本土企业之间的研发合作和产学研协同创新三个细分维度，采用脉冲响应分析方法对东部地区、中部地区和西部地区三个地区政府研发资助对本土企业与跨国公司合作创新、本土企业间研发合作和产学研协同创新的时期性影响进行了分析。

7. 明确了企业开展开放式创新活动与科技创新效率之间的关系。

西方学者早就提出，企业开展开放式科技创新活动能够帮助企业从外部获取异质性资源，从而对企业的科技创新效率存在积极作用，然而，随机前沿分析结果表明，企业外部研发支出仅仅对东部地区科技创新效率存在正向影响，对中部地区和西部地区科技创新效率不存在显著性影响。基于实证分析的结果，本书提出了一些提升科技创新效率的对策建议，希望对政府决策制定者和企业管理者具有借鉴意义。

8. 分析了客户协同创新与科技创新效率之间的关系。

客户协同创新突破了以前的产品创新思路，在把客户当作产品需求者的同时，也把其当作创新资源与参与主体（马家齐，2012），集合到产品创新之中，凭借网络化协同创新环境、创新设计手段与知识融合、客户和企业研发人员的信息、知识交流、共享和协同工作，利用双方在创新能力和知识结构等方面存在的不对称性，发挥双方的创新资源的优势互补效应，激活群体创造力，开发出有强劲市场竞争力的创新型产品（杨育等，2008）。只不过，我国客户协同创新存在一些问题，例如我国企业对客户协同创新的重视程度不够，客户协同创新平台缺乏、合适的协同创新客户选择、任务分解和分配难度大、信息和知识共享、交互复杂度高等，致使客户协同创新对科技创新效率的积极效应发挥得并不充分。

第二节 相关概念界定

一、政府研发资助的含义

政府研发资助是指从政府部门获取的，用于科技活动的那部分经费。政府资助主要包括资助科研机构的事业费，支持国家科技计划而拨给的项目经费和用在科学研究方面的基本建设费用，这些费用都属于无偿拨款，其主要用于企业、科研机构或者高等院校等的项目研究。

政府研发资助的特征主要有：

一是无偿性。无偿性是政府研发资助具有的基本特征，是指企业以后不需要偿还现在获取的政府资助资金，并且政府部门也不拥有企业所有权。只不过，得到资助的企业、科研机构或者高等院校等必须严格遵照政府部门的规定使用该项资助经费，也就是人们常说的专款专用。

二是直接获取资产。即企业从政府部门直接获取之后成为企业货币性或者非货币性资产。其中，未涉及到资产直接转移（Shift ability）的经济支持没有包括在政府资助之列。

二、R&D 的含义

R&D（Research and Experimental Development）即研究与试验发展，习惯简称为研发。

OECD 国家在 1997 年 OSLO 手册中指出，R&D 是为了进一步丰富文化、社会和人类活动知识库，在以前知识系统的基础上开展创造性的工作，充分利用这个知识库开展新的发明，R&D 活动可具体分为应用研究、基础研究和试验发展等三种类型。

NSF（National Science Foundation）规定，R&D 是政府、企业和非盈利性组织开展的基础、应用研究，工程、样机、工序的设计和发展，但市场检查、日常产品检验、推销服务、质量管理和地质、地球物理勘查等活动均不视为 R&D 活动。

联合国教科文组织（UNESCO）规定，R&D 是为增加科学技术领域知识，并利用这些知识存量去创造全新的知识而进行的系统性和创造性的活动，其可以具体分为应用研究、基础研究和试验发展等三类科研活动，它们共同构成了 R&D 活动，并且它们在 R&D 活动中是相互衔接、相互影响、循环的活动。其中，基础研究是为了理解并获得全新的科学知识而进行的最初阶段的研究，属于最高层次的研发活动，成果主要形式为科技论文或者科学著作；应用研究是为获得全新的技术知识而进行的创造性研究，其主要目标是具体实践，研发成果的主要形式为原理性模型、科学论文、专著或者发明专利等；试验发展是将目前的基础研究和应用研究知识和技术知识相结合，把获得商业价值视为目标的技术创新性活动，主要成果形式为专有技术、新产品或者具有新产品特征的产品样品、专利或者具备新装置特性的初始样品等。

三、科技创新效率的含义

目前理论界还没有给科技创新效率给出明确的定义。Farrell（1957）在《生产效率度量》中第一次提出了技术效率的概念。他认为，技术效率是在生产技术水平和市场价格保持不变的情况下，生产相同的产出单元最小投入量和实际投入量的比率。Leibenstein（1996）认为，技术效率是在投入保持不变的情况下，实际产出占有的最大可能产出的百分比。柳卸林（1997）采用企业新产品利润在总利润中占有比重与企业技术创新支出在企业总投资支出中占有比重的比率来度量科技创新效率。李艳玲和潘杰义（2005）认为科技创新效率是在科技创新过程中科技创新投入要素量相对于产出量的利用效率。池仁勇（2004）认为科技创新效率是各种科技创新要素投入向科技创新产出的转化效率。姚舒（2013）认为，科技创新效率是科技创新资源的投入—产出效率，在科技创新要素投入量保持不变的情况下，科技创新产出离生产前沿面的距离越大，表示科技创新效率越低；科技创新产出离生产前沿面的距离越小，科技创新效率就越高，它是技术效率在科技创新中的应用，是一种质的反映。总的来说，技术创新效率属于多种要素生产率，但不同于土地生产率、资本生产率、劳动生产率等单要素生产率，技术创新效率是复合要素作用效率，如全要素生产率和综合技术效率。其中，全要素生产率和综合技术效率都是综合效率，且这两者实际上都包含综合技术效率变迁。

对于这个概念的理解，用函数图来表示更为直观，更好理解。我们用投入量分别为 X 和 Y、产出量为 Z 的生产函数来叙述技术效率。在图 1.1 中，AB 线为生产前沿面，表示 X、Y 的投入量与最大产出量之间的关系。如果这个企业是技术有效的，它的产出量将在生产前沿面上；如果企业是技术非有效的，它将在生产前沿面内部。C 点代表技术非有效，C1 点和 C2 点表示技术有效。之所以 C 点是技术非有效的，是因为在技术上存在在不增加 X 和 Y 投入量的情况下，这个企业能够将产出量提高到 C1 点或 C2 点。

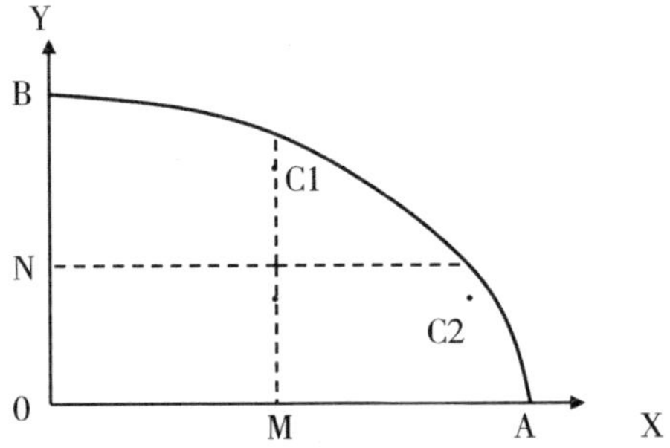

图 1.1　生产前沿面和技术效率

四、创新网络的含义

创新网络的概念由 Freeman 在 1991 年提出，其认为创新网络为开展系统性科技创新的一种制度安排，并把创新网络分为研究公司、合资企业、技术交流协议、合作研发协议、许可证协议、技术推动的直接研发投资、分包、供应商网络、生产分工、研究协会、政府资助的研究项目以及其他网络等。董敏儿（2008）认为，企业创新网络为以企业为中心，包括政府、大学、研究机构、中介机构等结点构成的网络。盖文启（2002）认为，区域创新网络是在一定地域范围内，企业、研究机构、大学等组织和个人在协同创新和相互作用的过程中建立起来的各种相对稳定的、有助于科技创新的正式和非正式关系的总和。常运琼（2010）认为，创新网络是企业、大学、研究机构、政府、服务机构等主要成员间通过诸多关系联结在一起而组成的组织体系。

为了便于分析，本书把企业外部创新网络界定为由政府部门、其他创新企业、高校、研究机构、跨国公司研究机构等组成的互惠和灵活关系的协同群体。

第三节　文献综述

一、创新网络的文献综述

黄玮强等（2009）认为，企业创新网络是参与新服务或新产品推出的企业为了顺应科技创新复杂性而涌现的一种组织形式，它由创新企业间各种正式或非正式的关系交织而成。De Breason 和 Amesse（1991）进而指出，市场和技术的不确定性是企业进入创新网络的外部条件，通过创新网络把不确定性进行内在化；新服务或新产品的推出需要发展多种互补性技术，而这大大超出了单个企业（即使是最大的企业）的范围；企业间成功的技术合作能给企业带来超额利润。Audretsch（1998）也指出，企业的科技创新活动存在空间聚集和知识溢出的特点，企业之间地理距离的减少会节约交易成本和带来知识共享，这也是企业为什么进入创新网络的原因之一。肖新友（2010）认为，创新网络是企业为了保持竞争优势和创新能力而组成的多节点、互动型的结构体系。朱向梅（2010）认为，创新网络组织结构可以分为关系、知识、认知、结构等四个维度。Koschatzky（1999）认为，创新网络为一个非正式、相对松散、嵌入式、再次整合、相互联系的系统，其有利于知识的交流和学习的促进。Nonaka 和 Takeuchi（1995）提出，创新网络为组织获得规范化知识、缄默知识、软件和正式文件的工具，它统一了组织内部和外部正式或非正式的联系。吴贵生等（2000）提出，创新网络为一些创新参与者协同参与创新产品研发、生产和销售及扩散，通过相互作用建立起来的科技、市场间间接和直接、灵活、互惠的协同群体。汪少华（2007）认为，政府、企业、高校间的互动形成创新网络，各网络主体之所以加入创新网络，他们的主要目的是为了强化他们间的沟通和协调。胡志勇（2010）认为，创新网络为覆盖在企业之上的、且被包含在市场中的、推动企业和市场创新发展的一种组织形式。Perkmann 和 Walsh（2009）指出，在技术自我建构和自我实现的循环过程中，企业（Enterprise）在国家创新系统（National Innovation Systems）中所发挥的作用越来越突出，并且政府进一步增加企业研发资助会激励企业充分发挥其在国家创新中的作用。梅亮和徐庆瑞（2011）总结相关文献后提出，在区域层面下，创新网络构成主体包括政府、参与分工协作的企业、高校、科研院所、金融机构、中介机构等，主体间存在交易型（建立在商业机会基础上的正式关系，如战略联盟、转包关系等）和关系型（建立在非正式基础上的社会关系，如人员朋友、企业家行业协会会员关系等），集群概念更加关注主体间的空间贴近性，但创新网络更加关注主体间实际存在的关系状况。赵珍（2006）认为，企业通过网络和其他参与主体相连，降低了参与主体间的交易成本，由于创新网络中的企业比较容易信息交流和协调机制，从而能够减少交易中的信息搜索、监督、沟通和谈判成本，消除机会主义行为。卢福财（2005）也指出，网络关系的创立提高了网络成员的信任程度和网络成员在技术、知识上的依赖程度，促成了长远利益与重复交易行为的方式。WILLIAMSON（1985）、PODOLNY 和 PAGE（1998）从交易费用的角度提出，创新网络的形成可以作为一种治理结构的选择，具有经济合理性和效率，其已经成为一种区别于市场和科层的合作形式。

以上文献对创新网络的概念、创新网络的组成要素以及构建的积极意义进行了分析，从以上文献可以看出，理论界对创新网络的构建均基本上持肯定态度，即构建创新网络有助于改善企业科技创新绩效，提高企业科技创新效率。

二、政府研发资助的文献综述

1. 政府研发资助对企业研发支出影响的文献综述

迄今为止，学者们主要运用凯恩斯经济学理论、熊彼特科技创新理论、代理理论、信息不对称理论和挤出效应理论等，对政府支持与企业科技创新之间的关系进行研究。目前，政府支持和企业科技创新关系的理论基础可以分为“促进论”和“抑制论”两大流派。其中，“促进论”流派包括凯恩斯经济学理论和熊彼特科技创新理论，他们的观点是政府支持有助于激励企业进行科技创新；“抑制论”流派包括代理理论、信息不对称理论和挤出效应理论，他们的观点是政府支持不利于激励企业创新。

在“促进论”方面，现代经济学之父亚当·斯密在其专著《国民财富的性质和原因的研究》中提出，利伯维尔场这个自行调整机制可以促进资源实现最优配置，然而，发生于1929—1933年的资本主义世界经济危机用实践证明该理论存在一定的缺陷：市场机制自身存在无法解决的问题，即市场失灵。大量的研究成果表明，单纯依靠市场经济体制很难促使企业的科技创新水平达到社会最优水平。在市场经济条件下，不管是垄断市场、寡头市场、垄断竞争市场，还是完全竞争市场，市场结构的内在缺陷和R&D活动的知识溢出性使得整个社会的R&D投资水平相对不足。因此，社会研发投资期望值水平的科技创新活动仅仅依靠市场是远远不够的，政府必须直接纠正市场机制对R&D活动的失灵。特别是凯恩斯1936年出版的代表作《就业、利息与货币通论》中明确提出反对自由放任、国家应该干预经济以达到弥补市场失灵与实现资源有效配置目的。所以，在国家科技创新体系建设和产业转型发展的过程中，政府也应该充分发挥其对企业科技创新的积极促进作用。现代创新理论的提出者约瑟夫·熊彼特指出，科技创新是一项高投入和高风险活动，资金、资源不足、实力不济的中小企业恐怕无力支撑，政府支持是很有必要的，只有大企业才能实现科技创新，因此，在科技创新活动中，需要政府部门采取积极措施，平衡大企业和中小企业利益，促使社会经济实现持续健康发展。Arrow（1962）认为，科技创新活动在一定程度上存在公共产品特征，其通常会产生“知识溢出”和“价格溢出”两种正向溢出效应。其中，知识溢出是科技创新知识有可能通过R&D人员流动、专利、投入品购买和交叉许可协议等途径外溢到其他企业，而原创新主体却没有得到任何的补偿，这一方面消减创新主体的科技创新活动，创新主体的私人收益率低于社会收益率，另一方面，使得其他企业可以采取技术模仿行为进而获得“搭便车”利益。知识溢出效应降低了企业进行科技创新的积极性与主动性，导致企业研发投资支出低下。因此，政府支持可以实现企业科技创新活动的正外部性内部化，增加企业科技创新收益，进而激励企业增加研发投入。社会收益与私人收益之间的差要求政府对科技研发活动进行干预，而政府希望通过研发资助降低私人企业研发成本，帮助企业抓住科技发展机会，促进企业科技创新。如果政府的资助政策是有效的，公共资金会发挥对私人投资的互补作用，从而提升 R&D 投资水平和科技创新规模，政府研发资助对私人 R&D 投资支出具有积极激励效应。“促进论”或政府研发资助的激励效应得到了一些学者们的理论支持。Scott（1984）、Levin 和 Reis（1984）、Toivanen 和 Niininen（1998）、Duguet（2004）等人都发现，政府研发补贴对企业研发投资具有在统计上显著的正向影响，两者存在着明显的互补关系。Hussinger（2003）采用德国制造业企业的数据，选择半参数选择模型分析方法进行实证研究后指出，政府资助对企业 R&D 投入存在激励作用，即政府资助对企业研发投资存在比较显著的诱发作用。程华和赵祥（2009）认为，政府资助对企业的研发产出存在明显的促进作用，但其作用比不上企业自筹资金。胡永健和周寄中（2008）指出，我国科技创新基金在一定程度上发挥了各级政府与社会资金对科技型中小企业 R&D 投入的杠杆作用。程华和王恩普（2009）就金融机构贷款和政府资金对 R&D 产出的影响进行实证分析后提出，政府资金投入对企业产出存在正向影响。王俊（2011）采用建立静态与动态回归模型进行研究后指出，政府研发补贴对企业研发投入存在显著正面促进作用，只不过在专利方程中，政府研发补贴的积极效应并不显著，这说明政府研发资助会促进企业增加研发投入，然而不一定会促进企业科技创新。解维敏等（2009）采用中国上市公司的数据进行实证分析后提出，政府研发资助对企业研发支出存在刺激作用。Duguet（2004）采用法国企业数据进行分析后发现，政府对企业的资助会影响到私人企业在研发环节的投资，两者之间存在显著的正向关系，这说明政府资助客观上带动了私人企业的投资。

在“抑制论”方面，代理理论和信息不对称理论指出，政府部门和企业之间存在委托代理和信息不对称问题，造成政府部门在资助创新企业之前，缺乏甄别与选择最应该得到创新支持的企业的科学合理的标准，导致政府支持的创新资源没有得到最优配置。另外，政府部门没有足够的办法对获得政府支持的企业科技创新活动实施有效监控，保证政府支持会全部落实到企业科技创新活动当中。挤出效应理论认为，政府研发投资的增加不仅不会增加企业研发投资，反而会降低企业研发投资支出。这是因为：政府支持通常具有一定的引导性和偏向性，也就是说，政府部门会对能够获得政府资助的行业、技术发明或者研发项目做出严格限制。基于此，企业会理性选择在政府支持的范围内开展科技研发活动，而对排除在政府支持范围之外的项目很少涉及。例如，政府支持企业对产业基础技术、低技术产品或者共性技术进行开发，则企业就会大幅度减少在高技术产品和专有技术方面的研发投资。挤出效应是政府研发资金对私人研发投资的替代，也可能是通过影响市场供求关系进而对 R&D 投入带来影响。政府为 R&D 活动供给资金存在替代私人 R&D 投资的风险。挤出效应也可能通过价格机制，即政府资助增加了R&D活动的需求，提高了R&D投资成本。“抑制论”或政府研发资助的挤出效应得到了一些学者们的理论支持。David et al.（2000）认为，政府资助提高R&D人员薪酬，在高R&D成本的压力下，企业会选择转向其他方面的投资。在价格机制的作用下，可能在表面上，R&D投入总量增加了，但实际R&D活动投入却下降了。并且，David et al.（2000）对政府资助R&D活动的文献进行梳理后发现，三分之一左右的文献支持政府资助与私人R&D投资之间具有挤出效应。Wallsten（2000）采用美国数据进行研究后指出，政府资助R&D活动对企业R&D投入产生完全挤出效应。梁莱歆等（2009）利用我国大中型工业企业数据进行分析后提出，政府研发资金比重过大反而会对企业科技创新效果产生抑制影响。顾元媛（2011）建立理论模型进行研究后发现，政府R&D补贴对企业专利数量、收益率、社会经济增长率、社会税收存在显著的负向影响。高宏伟（2011）认为，政府R&D补贴对大型国有企业R&D投入产生挤出效应，政府R&D补贴的政策可以提高制造服务型国有企业的R&D投入，但对R&D型国有企业的效果不显著。Goolsbee（1998）研究后指出：当企业的R&D成本在提高时，其会选择放弃部分R&D项目从而转向盈利更多的项目，这会导致企业部分R&D投资被挤出，并且这种“挤出效应”在创新资源稀缺的国家表现得尤为突出。Leyden和Link（1991）指出总体上公共部门研发支出将会促进私人部门R&D投资的增长，但在那些私人企业R&D投资比较高的行业，政府研发资助反而会阻碍企业对研发的投资，也就是出现了挤出现象。Schreyer（2000）和Klette et al.（2000）对制造业部门进行考察研究后发现：政府倾向于资助成功概率大、投资回报率高的项目，并且这些项目又恰好就是企业立即准备实施的项目。在这种情况下，获得政府资助的企业会选择直接用政府部门的资助经费替代企业自身R&D投入或者放弃未获得政府资助的R&D项目选择从事获得资助的新项目的研发活动，于是政府资助就会对企业R&D投入产生“挤出效应”。另外，政府研发资助水平的提升增加了企业对R&D资源的需求，抬高了R&D人员的薪酬水平，降低了企业雇佣R&D人员积极性进而使得企业改变R&D行为。白俊红等（2009）通过SFA分析发现，在我国，政府资助对于提高技术创新效率的影响并不大，因为存在政府介入和企业研发投入领域的重叠，从而出现挤出现象，而且对科研人员和相关资源需求面的冲突，也使得企业研发成本上升。

也有些学者认为，政府研发资助对企业研发投入的影响并不明显。例如，姜宁和黄万（2010）实证分析了我国高科技产业2003—2008年政府补贴和企业研发投资之间的关系，他们得到的结果显示，政府补贴并不一定会促使企业增加研发投入，两者没有明显互补关系。

政府研究资助对企业研发支出的关系一直是专家学者们研究的焦点内容之一，只不过，从以上文献可以看出，政府研究资助是促进了还是抑制了企业研发支出，或者两者之间的关系，目前尚无定论。

2. 政府研发资助对科技创新效率影响的文献综述

李左峰和张铭慎（2012）认为，政府科技项目资助可以缓解企业研发资金限制、提升企业科技创新能力以及企业科技创新效率；只不过政府科技立项的项目要求使得企业必须面临技术难实现商业化与研发资金耗散的问题，进而降低企业科技创新效率。政府科技项目资助对企业科技创新效率的影响与企业研发投入强度差异有关，政府部门应该提供帮助企业实现技术商业化服务，并拥有客观评价论证企业承担项目的技术能力与技术水平。

范允奇和徐玉生（2014）采用2000—2009年我国高技术产业省（市、区）面板数据，建立动态面板GMM计量模型，实证研究了政府研发投入、腐败对科技创新效率的影响。结果表明：腐败对科技创新效率有负向影响，存在腐败时，政府研发投入对科技创新效率的总体影响依赖于正向结构效应和负向规模效应；政府研发投入对科技创新效率和腐败之间的关系有一般为正的调节作用，也就是说，政府研发投入的增加显著弱化了腐败对科技创新效率的负向影响。

范允奇和李晓钟（2014）采用2000—2001年省级面板数据，运用随机前沿分析模型实证研究了政府R&D投入、空间外溢与我国高技术产业技术创新效率之间的关系。研究表明：我国整体高技术产业科技创新效率在下降，且区际差距在缩小；政府研发投入与自主创新倾向对科技创新效率的影响不显著，地区开放度对科技创新效率的影响为负向；在政府研发投入的地区溢出方面，财政竞争导致的负向溢出比知识外溢产生的正向溢出还要显著，政府研发投入对高技术产业科技创新效率的地区溢出具有发达地区向不发达地区的负向地区溢出，只不过西部地区政府研发投入对中部地区高技术产业科技创新效率有正向地区溢出。

孙康（2016）选取我国1995—2008年国有高技术产业15个子行业面板数据，就政府R&D资助、企业R&D投入和创新效率三者间关系进行实证研究。结果表明：对于国有高技术产业和电子及通信设备制造业来说，企业规模对科技创新效率的影响不显著；对国有高技术产业来说，企业盈利水平对产业科技创新效率有积极促进作用，只不过对电子及通信设备制造业的科技创新效率的影响不显著；金融机构贷款和政府 R&D 资助对我国国有高技术产业科技创新效率有负面影响，估计系数分别为 -0.081 和 -0.114；企业研发投入对科技创新效率有正面影响，估计系数为 1.048；政府研发经费的投入会激励我国国有高技术企业增加研发投入。

邹彩芬等（2014）实证分析结果表明，政府 R&D 补贴增加了企业研发投资资金，缓解了企业 R&D 资金短缺问题，有助于保障企业顺利开展科技创新活动。然而，政府 R&D 补贴对企业盈利能力存在直接影响，而对企业的创值能力无显著性影响，这意味着政府 R&D 补贴改善了企业短期经营绩效，或者说短期账面资产利润率，进一步说，企业通过政府 R&D 补贴补强账面盈利以及政府 R&D 补贴非 R&D 使用的现象并未得到扭转。

李爽（2016）研究结果表明，近些年我国新能源企业科技创新效率处于较低水平而且增长比较缓慢，企业内部 R&D 投入对科技创新效率存在明显正向影响，政府研发补助在新能源企业科技创新中的积极促进作用没有得到充分发挥。

李永等（2014）采用 2003—2010 年上海大中型工业企业行业面板数据，研究政府 R&D 资助与企业科技创新效率之间的关系。研究结果表明，政府研发资助对企业研发投入起到了带动作用，只不过直接资助绩效缘于模型内生性而被高估，且具有明显的行业差异性特征，研发投入强度越高，企业规模越小型化，政府研发资助的绩效越好。只不过 R&D 强度越高、国资比重越低的行业存在更高的科技创新产出效率。

张信东和武俊俊（2014）采用创业板上市公司数据，就政府研发资助对企业创新绩效的影响进行了分析，结果显示，政府研发资助强度对企业科技创新绩效的影响先增加，当政府研发资助强度到了临界点时，影响就会趋于下降，并且这种影响在 R&D 能力强劲的企业中更为明显。

李婧（2013）采用 2000—2010 年高新技术产业行业面板数据进行实证分析后指出，政府研发资助对私营企业科技创新效率存在正向影响，对国有企业科技创新效率存在负向影响，不管是私营企业还是国有企业，其自己的研发经费支出对科技创新存在显著正向影响，企业规模和科技创新之间存在倒 U 型关系，企业利润对国有企业科技创新不存在显著性影响，对私营企业存在负向影响；国有企业的吸收能力对技术引进绩效不存在显著影响，私营企业消化吸收能力薄弱制约着企业技术引进绩效的提升。

白俊红和李婧（2011）采用 C－D 生产函数形式的 SFA 模型，实证分析了政府研发资助等对企业科技创新效率的影响。研究结果显示：政府研发资助对企业技术创新效率的提升具有积极促进作用，企业研发投入的增加有助于其吸收与利用政府研发资助，只不过企业产权类型和规模对政府研发资助效果不存在显著性影响。

谢伟等（2008）认为，总体上目前我国政府和企业对于研发投入都比较重视，这会改进企业的技术创新效率，但由于研发投入具有时间滞后，不能最快速有效地提高企业自主研发能力，技术效率的改进短期内不明显。

王俊（2011）从弹性的角度分析了我国研发支出的效率问

题，他测算发现，政府 R&D 资助与企业 R&D 投入的产出弹性有很大差别，企业支出的效率远大于政府，如果按行业研发强度分组检验，两者的差距达到 2—8 倍，因此政府应当按企业特征调整研发资助的方式对象，将重点放在发展前景好、规模小的高科技企业。

李平和刘利利（2017）采用我国 2003—2012 年地区面板数据，运用超越对数随机前沿模型与门限回归模型，考察了政府研发资助、企业研发投入与我国创新效率的关系，并对政府研发资助与企业研发投入的区间效应进行分析。结果表明：在我国技术创新过程中，企业研发投入促进了我国技术创新效率的提升，市场失灵现象出现较少，政府研发资助对技术创新效率发生负向影响，存在一定程度上的“市场失灵”；企业 R&D 投入强度最佳区间为 0.688—0.775 之间，政府 R&D 投入强度最佳区间为 0.288 以上。

赵红和李换云（2011）采用西部地区重庆市 2000—2007 年制造业行业面板数据，考察了 FDI 的研发溢出和企业内部 R&D 投入对自主创新效率的影响，研究结果为：就制造业整体而言，企业自身 R&D 人员投入和资本投入以及 FDI 对自主创新效率存在有显著性积极促进作用；从细分行业来说，企业研发人员投入和 FDI 对劳动密集型行业自主创新效率存在重要促进作用，企业自身 R&D 人员投入和资本投入对资本密集型行业自主创新能力的提高存在显著性影响，只不过研发资本投入和 FDI 分别对劳动密集型行业自主创新效率和资本密集型行业自主创新能力不存在明显性影响。

张琴和吴娟鹏（2016）在对中小企业的科技创新效率现状进

行分析的基础上，采用 C－D 生产函数，研究了研发投入与科技创新效率之间的关系。结果显示：政府 R&D 经费投入产生了较弱负向影响，企业自身 R&D 经费投入存在较强正向影响，金融机构贷款没有产生显著性影响，企业自身 R&D 经费投入对辽宁省和河北省不存在显著性影响，对江苏省和广东省的影响相对于其他地区较弱。

王惠等（2016）选择 2006—2012 年省际面板数据，采用 SUPER－SBM 计量模型研究环境约束下我国高技术产业绿色科技创新效率以及研发投入强度对科技创新效率的影响。结果表明：SUPER－SBM 计量模型测算的高技术产业绿色科技创新效率与实际相符，且八大区域高技术产业绿色创新效率具有地域差异性特征；选择企业规模作为门槛变量，研发投入强度对高技术产业绿色科技创新效率存在双重门槛效应，产业集聚、政府资助、市场环境与高技术产业绿色科技创新效率存在正相关，只不过劳动者素质对其影响不显著。

邱兆林（2015）采用随机前沿分析方法进行实证分析后指出：高技术产业两阶段的科技创新效率均较低，且呈现缓慢上升的态势；政府 R&D 支出、企业 R&D 投入和知识产权保护对高技术产业科技创新效率产生正向作用，且企业 R&D 投入相对于其他变量作用更大；企业规模和市场竞争对两阶段科技创新效率产生正向作用，而三资企业比重对科技创新效率产生负向影响。企业根据市场需求开展技术研发活动，更有助于科技创新效率的提升。

郑延冰（2016）利用北京市 2013 年中小民营科技企业的数据，选择零膨胀负二项回归模型和 ordered probit 模型考察了政府研发资助对研发效率和企业研发投入的影响。研究结果为：政府资助对企业研发效率没有显著影响，对企业研发投入有促进作用，企业 R&D 实力对企业 R&D 投入存在较大影响，但企业规模、企业获得的资助成本和企业行业属性对企业 R&D 效率产生显著影响。

黎明硕（2016）利用中西部新能源上市公司数据进行实证分析后提出：政府补助和新能源上市企业经营绩效正相关，能够增加研发投入改善企业绩效；企业 R&D 投入和企业绩效正相关；企业 R&D 资金投入与 R&D 人员投入强度对企业绩效的影响存在一定的滞后期，因此，中西部新能源上市公司应该保持足够的耐心，建立良好的 R&D 投入规划与管理制度，从而促使效应的充分体现。

Choi et a1. （2011）研究认为，在大多数发达国家，政府经常通过直接投资、税收优惠等手段促进企业创新效率的提升，二者之间存在正向关系。

Block 和 Keller（2009）对美国 100 家获得创新奖的企业调查发现，差不多有 90% 的受访企业都曾经接受过政府各类和研发有关的资助。

Chang et a1. （2006）研究了中国政府研发支出的影响，他发现政府各类促进技术、创新能力的措施对于企业研发投资的增长，对于企业创新效率的提高都存在显著正向影响。

冯宗宪等（2011）采用半参数 DEA 法，对我国各省区的企业创新效率进行测定，分析政府研发资助对创新效率的影响程度。他们发现政府资助对创新效率存在不显著的负向关系，主要原因可能来自于政府在决定资助项目的偏好偏离技术发展前沿，项目选择过程有比较高的失误，并且在具体操作过程中企业也会寻租，政府干预反而损害了公平竞争的市场环境。

肖文和林高榜（2014）采用随机前沿分析了36个制造业行业的技术创新效率，他们发现我国整体平均技术创新效率在0.5—0.6之间，由于政府的远期技术偏好，对资金用途管理监督的缺失，政府的研发资助并没有提升企业技术创新效率。

洪嵩（2015）以17个高技术产业作为研究对象，用随机前沿分析法进行了实证研究，结果表明政府研发支持对高技术产业的创新效率存在显著的负向影响，而企业研发投资能促进企业创新效率的提升，但会受到政府资助的影响，两者之间不存在挤出效应。他认为除了政府技术偏好这一原因外，接受资助的企业可能将政府资金来代替本身的研发投入，而且由于缺乏监督惩罚机制，资金滥用的问题比较严重，这都会导致较低的创新效率。相对而言，企业自有研发投资更受到市场机制约束，更容易以市场需求为导向，实现商业化发展。

张琼文（2015）研究后提出，政府补助信息和R&D费用信息等存在披露方式不标准的问题；由于政府部门没法实时实地监督企业，且大多数企业缺乏自我控制和约束意识，导致企业依据自己意愿配置资金，研发投入低效率。

周任远（2015）认为，上海市高技术产业的科技创新水平处于近乎停滞的缓慢增长态势，虽然当前上海市高技术产业R&D经费内部支出处在我国前列，但从动态的角度来看，上海市高技术产业R&D投入强度近10年低于全国与东部地区，R&D资本量也在逐年下降，上海近年高技术产业科技创新效率水平总体偏低；上海市高技术产业R&D资本存量与新产品销售收入存在正向相关的关系。

范凌钧和陈燕儿（2014）选用1996至2010年中国高技术产业行业数据，采用随机前沿分析方法，从效率的视角研究了政府研发资助与高技术产业之间的关系。结果表明：政府研发资助提高了高技术产业科技创新效率，产权结构、企业规模、资金人员投入会对政府研发资助效果产生差异性影响，只不过非国有产权相对较难获得政府研发资助。

从以上文献可以看出，政府研发资助对科技创新效率影响的研究并没有取得一致性结论，只不过，政府研发资助对科技创新效率的影响以负向偏多。

3. 政府研发资助和研发活动市场失灵的文献综述

市场失灵最早由Francis M. Bator在论文*The Anatomy of Market Failure*（1958年发表于*The Quarterly Journal of Economics*）中提出来的。市场失灵是指市场无法有效率地配置资源的情况。R&D是科技活动的核心内容。R&D活动市场失灵主要表现为R&D市场的自身缺陷以及R&D投资数量上的不足。Romer（1990）、Grossman和Helpman（1993）等认为，科技创新是促进经济增长的最终源泉。但科技创新会产生知识溢出，科技创新活动具备正的外部性，R&D活动的私人收益低于社会收益，私人投资水平要比社会最优的投资水平低，R&D活动存在市场失灵。GRILICHES Z（1991）的研究结果表明，产业研发活动的社会回报率达40%—60%，远远超过了其产业自身的回报率，因此企业的技术溢出大大削弱了企业R&D意愿。Guellec和Pottels berghe（2001）认为，科技创新投资者很难占有自己创造的消费剩余和知识溢出，这导致企业R&D投入相对不足。解维敏等（2009）研究后指出，

R&D 活动一般都要求投入大量的资金，投资周期也比较长，企业从事 R&D 活动的动力相对不足。Arrow（1962）认为，如果科技创新活动完全由市场决定，那么与信息生产或技术知识相关的资源投入会低于社会最优水平。Stiglitz（1977）指出，知识具有一定程度的非排他性特征，其可当作纯公共物品，因此政府应该对私人提供的知识给予一定形式的保护，从而使得知识不被轻易地公开使用。另外，全球生产工序复杂化、分散化程度越来越高，产品 R&D 碎化程度不断加深，使得协调成本不断提高。胡卫（2006）认为，专利保护存在时间限制、联系效应、人员流动和市场溢出等四个方面的原因使得科技创新存在外溢效应，即知识产品具有外部性。并且，技术的高度不确定性和研发活动紧密相联。例如，在研发活动开展之前，不知道该探索什么，科技创新努力所产生的技术结果事前很难得知；且研发活动开展之后，企业家和发明者对技术往何方发展以及多长时间可以取得成功均不能确切地把握。曼斯菲尔德的研究结果表明，科技创新程度越高，科技创新不确定越高。江岩（2005）认为，造成企业科技创新投入不足的障碍具体归结为市场失灵，而市场失灵的原因有许多，例如溢出效应和资产专用性等。以上因素中的一个或者几个都可能存在于科学技术生命周期的某一个阶段，而且其中的全部或者一部分会在接下来的阶段中逐渐消失，即在科学技术生命周期不同的阶段，市场失灵的特点是有差异的。因此，科技创新政策分析需要把理解科学技术演化的微观过程和周期性特征作为起点，把区分和识别各种形式的市场失灵作为基础，确定政府部门何时以何种形式扶持企业的科技创新活动。刘佳和代明（2014）认为，研发活动失灵的深层次原因可归纳为：研发不确定和风险、研发活动碎片化以及研发利益溢出等三个因素。政府 R&D 资助是把解决技术外溢内部化、把科技创新的私人收益率提高到社会收益率的办法之一。代明等（2014）认为，投入型创新的市场失灵来源于中小企业金融市场交易成本，新技术标准带来的风险性和共性技术有限独占性，建议政策工具为对风险资本市场进行支持，中介机构增进采用标准；应用型创新的市场失灵来源于公司规模小，较大外部性收益和有限独占性，建议政策工具为低技术中介机构促进技术转移；复杂系统创新的市场失灵来源于高成本，风险，有限独占性（尤其对基础设施技术），建议政策工具为研发合作，补助，中介机构促进基础设施技术；高科技内涵创新的市场失灵来源于商业部门衍生的知识库，创造者未认清潜在应用或不能将新发展与潜在用户进行有效沟通，建议政策工具为高技术中介机构促进重大研究进展的扩散。政府 R&D 资助可以降低企业科技创新成本，弥补科技创新成果引致的社会收益与私人收益之间的差额。依据市场失灵的经济理论，政府 R&D 资助应该对技术溢出效应的研究项目进行资助。只不过，建立在市场失灵基础上的政府 R&D 资助理论仍然受到了一些学者们的质疑。如 Cohen 和 Levinthal（1990）认为，技术创新企业外溢的知识并不那么容易被吸收，这需要模仿企业采取必要的 R&D 投资活动，和模仿相关联的成本可以降低市场失灵程度，另外，企业也会采取专利或者保密措施保护其科技创新成果，R&D 活动正的外部性非常有限，R&D 活动并非纯粹的公共品。Dasgupta（1988）等也提出和经典的市场失灵理论相悖的观点，当市场上的企业为了得到垄断的专利时，它们顺其自然会进行 R&D 投资。只不过，如果企业竞争失败，它们无法收回 R&D 投资成本。因此，从社会角度的看度来看，R&D 支出并非完全代表科技创新活动，有可能反而是一种社会损失，R&D 努力可能会超出社会最优水平，然而合作 R&D 会提升整个社会的福利水平。

4. 政府研发资助和研发活动融资约束的文献综述

科技创新活动往往是高风险的，这是阻碍企业从事 R&D 活动的一大障碍。研发项目的严重信息不对称、投资收益的不确定性、缺乏担保价值和偏态分布等特征决定其很难获得债务融资。顾群和瞿淑萍（2014）从 R&D 异质性视角进行实证研究后发现，相对于开放式创新企业来说，探索式创新企业具备更高程度的融资约束。王文华和张卓（2013）采用 2007 至 2010 年高新技术上市公司数据就政府补贴、金融发展对研发融资约束的缓解效应进行实证分析后发现：我国高新技术上市公司普遍存在 R&D 融资约束问题，R&D 投资具有明显的现金流敏感性；金融发展缓解 R&D 融资约束的作用是显著的；政府补贴缓解 R&D 融资的间接效应不显著，而直接效应是显著的；在金融发展水平比较低的区域，政府补贴缓解 R&D 融资约束间接效应是不显著的，反之，则比较显著。夏丹丹（2015）从融资约束的角度分析了政府补贴对 R&D 融资约束的缓解效应。他指出，R&D 融资约束的缓解不只受益于政府补贴资金的投入，还可能受益于政府补贴的信号传递作用，消减了外部投资者和企业之间的信息非对称性，使企业的研发活动更易从外部筹集资金，继而在一定程度上缓解了企业的 R&D 融资约束。并采用 2009 至 2013 年上海、深圳高新技术上市公司的数据，选用 Stat12. 0 软件，运用 Fazzari et al. 改进模型进行实证分析后指出：我国高新技术上市公司普遍存在 R&D 融资约束问题；政府补贴缓解直接研发融资约束的效应显著，信号传递，间接效应作用也显著；在金融市场化程度比较高的地区，政府补贴具有显著的间接效应和直接效应，在金融市场化程度比较低的区域，间接效应不显著；有政治关联的企业，政府补贴的间接效应不显著，无政治关联的企业，政府补贴的间接效应显著。Musso 和 Schiavo（2008）选用法国企业的数据进行实证分析后指出，企业融资约束难题的缓解对其生存概率存在积极影响。Clarke et al.（2012）进行实证分析后指出，东亚地区和中东欧地区企业外部的融资能力越强，其在后危机时代生存的概率越大。解维敏和方红星（2011）研究后提出，企业外部融资资源的获取是企业 R&D 投入的关键。逯宇铎等（2014）运用2000 至2006 年我国工业企业和海关国际贸易数据，采用 Kaplan – Meier 生存和危险函数及 Cox 生存模型进行实证分析后指出：不同规模的企业都能够通过缓解企业内源融资约束提升企业生存概率，而大中规模企业只有通过增强企业外源融资能力才能延长企业生存寿命；在金融发展发达的地区，融资能力对 R&D 企业的生存概率存在正向效应，在金融发展落后的地区，这一效应是不显著的。蔡地等（2012）采用我国民营企业的数据进行实证分析后提出，融资能力能够促进企业 R&D 活动。夏冠军和陆根尧（2012）指出，企业外部的股权融资对我国高新技术企业的 R&D 投入存在积极影响。Aboody 和 Lev（2000）认为 R&D 投入往往是独一无二性的，也缺乏一个有效传递研发相关信息、有组织的交易市场，投资者难以推断企业研发价值和生产能力等方面的相关信息，企业 R&D 活动往往伴随着高度的信息不对称性问题。学术界一般都认为，由信息不对称带来的逆向选择问题往往是融资约束的重要来源。逆向选择行为的存在，融资方即使承诺给予较高的收益率，他们的研发项目也很难从金融市场获得资金支持。Arrow（1962）认为，信息不对称带来的道德风险问题会阻碍技术创新等高风险商业活动获得外部融资。Kleer（2010）认为，即使是提供风险资本（Venture Capital）的资本所有者也很难起到缓解 R&D 投资融资制约的作用。因此，Stiglitz 和 Weiss（1981）的道德风险模型和逆向选择问题说明高成长性小企业的投资，包括 R&D 投资，募集内部资金支持是其融资的主要途径。

道德风险和逆向选择问题决定科技创新活动很难从企业外部获得融资，导致 R&D 投入相对不足。因此，Brown 等（2012）认为，企业 R&D 活动的融资约束使得企业的 R&D 投入水平没有达到金融市场在不存在摩擦下最优的投资水平。政府资助 R&D 活动能够降低 R&D 活动融资约束程度，R&D 活动的不完美资本市场问题往往当作政府对企业进行资助的依据。另外，Takalo 和 Tanayama（2010）认为，政府资助能够降低资本市场对资金的需求以及金融市场融资成本。

5. 政府研发资助和信号传递的文献综述

政府资助往往需要专家对投资项目进行评议，所以政府资助项目通常是一个好的、值得投资的项目，政府研发资助行为很可能对私人投资具有引导作用。Lerner（1999）发现，获得中小企业创新激励计划资助的企业，其员工人数和销售额增长都明显高于未受到资助的企业。Feldman 和 Kelley（2006）以美国参与1998 年促进技术进步项目的企业为研究样本进行分析后发现，获得政府 R&D 资助的企业从外部获得融资的概率也较高，尤其是中小企业。Lerner（1999）把这些差异归功于资本市场的不完美，尤其是在信息不对称的情况下，具有高度不确定性的 R&D 项目很难从资本市场获得融资，而政府资助行为起到了甄别企业质量及其项目技术优势的巨大作用。Takalo 和 Tonawanda（2010）建立理论模型对政府资助的信号作用进行分析后提出，政府部门是正直的，有能力对企业的质量进行甄别，政府资助资金的投入意味着该研发项目的成功概率很高。Kleer（2010）认为，基础研究失败的风险更大，而且会对竞争者存在较大的知识溢出效应，因此私人投资者对基础研究项目的投资处在一个较低水平，而应用研究失败的风险更小，其可以给私人投资者创造较高收益。企业申请政府资助项目，政府机构分析项目类型、甄选项目，并以此为依据进行项目资助决策。银行观察政府部门的资助行为来选择是否为该项目提供贷款，也就是说政府部门具有完美的甄别能力，而银行不无需再次进行甄别。Meuleman 和 De Maeseneire（2012）发现，政府资助的确在中小企业的融资过程中起到了积极鉴定作用，特别是初创企业以及很难进行评估的项目，这种鉴定作用的效果相对更加显著。全美州长协会（National Governors Association）2008 年的报告指出，获得中小企业创新激励计划资助会向天使投资传递“该项目是有希望的”的积极信号。李彰和苏竣（2017）以 863 计划为例，运用双重差分析法实证分析政府 R&D 资助与企业外部融资的关系后指出：政府 R&D 资助对企业外部融资存在显著的促进作用，且融资约束影响愈大的企业，政府 R&D 资助的积极效果就愈显著。基于上述分析，Kleer（2010）建立政府、企业和银行三方博弈模型进行分析后指出，政府资助起到了传递研究项目质量信号的作用。市场失灵使得企业 R&D 投入没有达到社会最优水平，而融资约束会促使企业 R&D 投入水平没有达到金融市场无摩擦情况下企业最优的投入水平。因此，这就需要政府部门直接参与到R&D活动中去，或者采取政府资助研发活动的措施来纠正“市场失灵”行为，政府对企业的资助行为会向金融市场传递一个有关R&D活动质量的强烈信号，能够在一定程度上缓解R&D投入融资约束，从而把R&D投入提升到社会最优的水平。

政府对R&D投资进行激励的主要方式有政府补贴和税收优惠。政府直接资助可以保证政府把控资助的R&D项目类型，并成功实现政府目标，相对于间接的财政支持措施，直接资助的效果衡量起来更容易。与此同时，政府资助不会受到具体税制结构的约束，政府资助普遍都会偏向社会收益较高的项目，只不过政府资助也面临着如何来激励政府机构选出社会收益良好项目的问题。Lerner（1999）和Klette et al.（2000）认为，决策者的政治影响和激励扭曲都会使得政府机构选择出来进行资助的项目可能在社会福利的角度来说并非是最好的项目。政府在资源分配方面可能并没有实现市场资源分配的有效性。Guellec et al.（2003）指出，政府对一些企业提供的资助会扭曲企业的市场竞争行为。

6. 政府研发资助效果影响因素的文献综述

政府R&D资助发挥的是激励作用还是挤出效应，其受到信息不对称程度、资助规模、资助对象行业属性、资助对象技术水平、企业规模等多个因素影响。

在信息不对称程度方面，吴祖光和万迪昉（2013）指出，信息不对称性程度和政府R&D资助程度影响政府R&D资助效果。安同良等（2009）认为，企业会发送虚假的创新信号以便于获取政府研发补贴，信息不对称会显著影响政府R&D资助效果。周绍东（2008）发现，当政策部门掌握企业创新类型相关的真实信息时，提高政府补贴可以有效地促使企业增加科技创新投入，当两者之间信息不对称，且科技创新投入要素价格比较低时，提高科技创新补贴会促使企业加大技术模仿创新强度。

在资助规模会影响资助效果方面，Lichtenberg（1988）发现，通过竞争方式获得政府研发资助可以激励企业增加研发投入，但通过非竞争方式获得研发资助会对企业研发投入产生负面影响。Colombo et al.（2011）发现，政府选择性资助会对全要素生产率产生显著性正向影响，然而政府自动资助对全要素生产率不存在显著性影响。以上结果也说明政府部门在选择资助项目中起到了质量鉴证的功能作用。Gorg 和 Strobl（2007）提出，如果政府研发资助能够维持在一个合适的规模，那么挤出效应会被消除，其激励效应也能够得到体现。如果政府研发资助强度太小，科技创新的市场失灵无法得到改善，而政府研发资助强度太大又会产生对企业研发支出的替代。程华和赵祥（2008）、朱平芳和徐伟明（2003）都发现，政府研发资助强度达到中等资助强度时，政府研发资助的效果最好，政府研发资助强度过大反而会减少企业自身的研发投入。杨朝峰和贾小峰（2008）发现，政府研发资助对企业研发投入及经济增长的拉动作用是递减的，政府资助研发要保持适度规模。姜宁和黄万发现（2010），政府补贴效果和政府补贴率相关。赵付民等（2006）发现，政府直接资助强度处于6%—12%或高于18%时，其对大中型企业研发投入的杠杆效应非常明显。高宏伟（2011）认为，过多的政府补贴降低了大型国有企业 R&D 投入规模，现行补贴结构对大型国有企业 R&D 投入也存在挤出效应；政府资助对象的选择方式对资助效果产生影响。

在资助对象行业属性影响资助效果方面，Mamuneas 和 Nadiri（1996）指出，政府对高技术产业的研发资助对企业 R&D 投入存在较弱的替代效应。姜宁和黄万（2010）发现，政府补贴对高新技术产业五个细分行业企业 R&D 投入的影响具有较大的差异，且具有一定的时滞性。

在资助对象技术水平影响资助效果方面，Gonzalez 和 Pazo（2008）发现，政府部门在低技术领域的研发资助效果相对较好。程华和赵祥（2008）、王俊（2011）都发现，政府研发资助对中低技术产业 R&D 活动产出存在明显性促进作用。Tsaiand Wang（2004）认为，科学技术水平高的公司科学技术底子好，科技创新效率高，效果比较容易显现，发展潜力巨大，科学技术外溢所获得的社会效益大，故其容易得到政府的研发资助。Czarnitzki 和 Fier（2002）采用德国 542 个公司的数据进行实证分析后发现，产业技术密集程度与进入公共科技创新计划的概率密切相关。李平和王春晖（2011）进行实证检验后指出，国有企业对我国政府部门的研发资助存在较强的依赖性，三资企业在科学技术水平愈高的领域 R&D 预算刚性愈强，政府 R&D 资助的激励效应愈低。

在企业规模影响资助效果方面，Lach（2002）采用以色列的数据进行分析后发现，政府资助对小企业具有积极激励作用，而对大企业的激励作用并不显著。Gonzalez 和 Pazo（2008）发现，政府对小规模企业研发资助的效果要好于大规模企业。Wallsten（2000）提出，政府 R&D 资助对企业 R&D 投入存在积极促进作用，且对大企业研发投入的正向作用大于小企业。Blank 和 Stigler（1957）采用 1564 个公司的数据进行实证分析后指出，政府研发资助对公司科技创新不利，但政府研发资助对规模大公司的科技创新存在积极促进作用。刘德胜和张玉明（2010）提出，政府研发资助对我国中小企业当年的 R&D 支出和滞后一年的 R&D 支出存在明显促进作用。李瑞茜和白俊红（2003）采用门槛面板回归模型研究了影响政府对企业技术创新进行研发资助效果的因素，结果表明：政府研发资助的效果显著，政府研发资助强度、产权类型、企业技术水平和企业规模都与政府研发资助效果存在倒 U 型关系，企业绩效与政府研发资助效果呈现出递增趋势。建议政府部门在制订资助政策与选取资助对象时，需要考虑企业发展的非平衡性，并据此采取不同的资助措施。熊彼特假说认为，在政府研发资助方面，大型厂商往往拥有规模经济，便于开展专业化生产和分工，进行科技创新的优势相当明显，有利于充分发挥政府研发资助的效果，因此政府比较偏好于大型企业。

除此之外，Colombo et al.（2011）发现政府研发资助发达地区的公司，全要素生产率提高得更多。Hinloopen（1997）发现，企业研发合作对政府研发资助效果存在影响。Guellec 和 Van（1999）认为，政府公共研发投资对企业研发投资的积极作用与政府部门对企业研发资助率存在倒 U 型关系。安同良等（2009）发现，当原始科技创新的专用性人力资本价格比较低时，原始科技创新补贴存在“逆向”的激励作用。白俊红（2011）进行计量分析后指出，企业的产权类型对政府研发资助的效果存在差异化影响。

三、开放式创新的文献综述

传统的科技创新观点认为，科技创新是企业的灵魂，为保障技术的独享性、保密性以及在技术方面维持领先地位，科技创新不能依靠外部资源，只能由企业自身单独开展R&D创新。企业所属的技术研究机构专门负责开发新技术、新产品，获取基础性技术突破，企业通过实现商业化进而获取巨大利润。接下来，企业投入更多的资源到R&D部门，产生新的技术突破，并形成科技创新良性循环。显而易见，产品到市场的所有环节都在企业内部实施。Chesbrough（2003）将其称为封闭式创新。具体如图1.2所示。

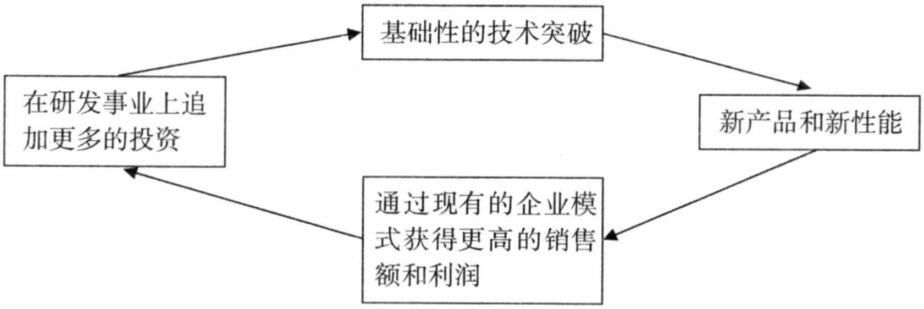

图1.2　封闭式创新良性循环的内在逻辑

封闭式创新取得的成功取决于其面临持续变化的技术环境能够坚持不懈地开展科技创新活动。这种发展路径的理论是封闭式企业内部R&D模式。成功开展封闭式创新模式活动是有条件的，这个条件就是企业需要具备良好纵向组织结构特征，即从设计、制造到销售服务，企业需要事无巨细，样样精通，事事都需要企业自己来解决，企业不能依靠外部资源，只能依靠自己实力开展关键技术的研发活动。图1.2对封闭式创新模式进行了展示。

二十世纪后期，封闭式创新模式中良性循环逻辑的主要因素受到了一些破坏性因素的挑战。一是技能高超、经验丰富的研发人员流动性越来越强，这种流动性使得一个企业的R&D成果转移或知识溢出到其他企业。二是接受大学或者更高教育的群体越来越庞大，这些人将不同的知识和技术从实验室向不同企业、不同行业外溢。三是风险投资通过外部 R&D 成果产业化的方式创办新的企业，这些成长速度极快的企业与老牌大企业在市场上展开激烈竞争。四是越来越多的创新商品、服务快速进入市场，特定科学技术的生命周期越来越短。五是供应商和消费者的专业知识迅猛增加，从而降低了企业使用专业知识壁垒获取利润的能力。

以上五个破坏性因素彻底改变了封闭式创新模式框架下的循环逻辑，它使得技术商品化的范畴从企业自身扩展到新建企业，使得企业资金的来源从仅靠企业内部 R&D 投入扩展到外部风险投资，从而形成图 1.3 所示的一个新的逻辑。

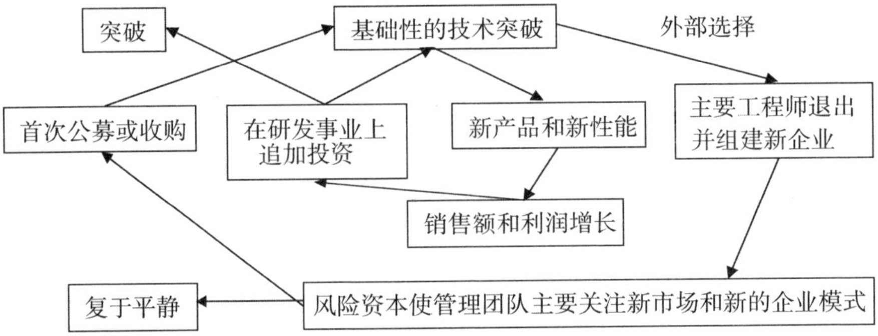

图 1.3　良性循环被打破后的新逻辑图

Chesbrough（2003）指出，与传统封闭式创新相比，开放式创新模式认为，企业间的边界是能够相互渗透的，企业可以利用内部、外部的资源、创意以及市场途径，并将它们与企业的具体体系结构相结合，而且，企业内部的创意也可以借助企业外部渠道进入市场，把企业现存的业务进行外置以便创造额外的价值。

樊纲等（2011）认为，企业通过市场信息反馈带来知识外溢，并通过研发人员交流与示范模仿“干中学”形式为企业带来全新的科学技术与知识，对企业科技创新资源的有效配置产生引导作用，促进科技创新效率的提高。

吴雷（2016）认为，开放式创新模式体现了科技创新研究已经从点状向网状扩展、从局部向系统扩展、从一维向多维扩展的趋势，并且，开放式创新能够更好地适应经济全球化的时代背景，其是推动科技创新理论继续向前发展的强劲内动力。

郑小平等（2007）提出，对于每一个企业来说，无论是资源的流入还是科学技术的流出，企业开展开放式创新活动的目标均是对技术使用权和技术所有权的追逐。

Das 和 Teng（2000）认为，本土企业间研发合作能够引进互补性创新资源，降低技术创新的不确定性和成本，缩短技术创新周期；与此同时，企业间密切的研发交流使得不同领域知识碰撞进而产生全新的知识和技术，或者技术获得跨越式进步，从而激励本土企业增加 R&D 投入。

黄贤凤和武博（2014）在企业资源理论和国家创新系统的框架下，采用我国大中型工业企业数据，建立实证模型研究政府 R&D 资助、合作 R&D 和企业科技创新绩效之间的关系。研究结果显示：政府 R&D 资助对我国大中型工业企业科技创新绩效存在直接促进作用，并通过企业 R&D 投入对企业科技创新绩效产生间接促进作用，政府 R&D 资助对企业研发合作不存在显著影响，对产学研合作 R&D 存在积极促进作用，企业 R&D 合作和产学研合作 R&D 对企业科技创新绩效不存在显著影响。

胡曙虹等（2015）指出，本土企业和跨国公司的合作创新使得本土企业能够接触到前沿知识和技能，并且，跨国公司对本土企业存在知识溢出，其中，直接知识溢出是跨国公司与本土企业在R&D合作活动中相互交流而产生的先进R&D理念和创新管理模式的溢出；间接知识溢出是本土企业学习、模仿其与跨国公司在R&D合作过程中产生的新产品和创造的发明专利而获得的蕴藏在其中的新技术。本土企业会对跨国公司外溢的知识进行筛选、过滤及整合，从而获得一些有效的信息和知识，然后通过R&D投入将这些异质性创新知识转化为现实的R&D生产力。

Lichtenthaler U（2007）发现，企业如果要选择开放式创新也必须应对一些挑战，例如，企业外部技术市场的效率比较低下使得企业开发外部技术就显得非常困难；技术资产的交易存在较高交易成本；寻找合适的许可证持有人等技术交易合作伙伴也十分困难。

Keith Grime（2007）指出，由于封闭式创新在敏捷性和速度上无法适应目前的竞争环境，因此，封闭式创新模式已经被许多高技术产业所抛弃，并且一些不属于高科技产业，例如零售业接受了开放式创新的理念。比如宝洁公司采取“连接与发展”科技创新战略把企业内部R&D工作拓展到企业外部。只不过，仍然有些行业继续保持封闭式创新模式，例如，飞机发动机制造和核反应这两个行业。

在中小企业开放式创新方面，Vanhaverbeke（2006）采用新西兰中小型创新企业数据进行实证研究后发现，中小企业都在广泛采取开放式创新（open innovation）模式，而且，开放式创新对中小企业的影响日益增强。Lichtenthaler（2008）对德国、澳大利亚和瑞士的中型企业进行研究后发现，32.5%的中型企业不同程度地开展了开放式创新活动。Jeroen et al.（2008）认为，许多中小型企业进行了开放式创新实践，而且进一步对中小型企业参与开放式创新的动机以及主要挑战进行了分析。在外部创新源方面，Langrish（1972）对84例创新案例进行考察研究后提出，企业科技创新源泉2/3来源于企业外部，其中，其他企业占64%，政府占21%，大学占10%，其他占5%。Marquis和Myers（1969）对美国567个创新案例进行研究后发现，16.3%的创新设想来源于供应商或售货商，59.5%来源于其他私人组织，3.3%来源于政府机构。张刚（1998）认为，企业的科技创新源具体可分为外部创新源和内部创新源，其中，企业科技创新的动力源具体包括市场动力源、技术动力源、成本动力源和政府动力源。陈劲等（2003）研究移动电话的科技创新后提出，用户和制造商是移动电话的主要创新源，与用户和制造商合作可以帮助企业开展科技创新活动。陈玉芬和陈劲（2009）指出，开放式创新能够从外部吸纳更多的创新资源，获取更多的合作机会，其中，合作对象包括供应商、用户、企业、研究机构或高校、技术中介组织、政府、风险投资企业和知识产权机构。

从以上文献可以看出，专家学者就开放式创新对科技创新效率的影响也没有一致性意见。

四、客户协同创新的文献综述

在创新产品和服务的发展过程中，与客户合作的重要性已经被确认很多年了。因此，这种合作已经成为许多组织发展努力的一个主要组成部分，并且，关于这一课题的研究一直在稳步地开展。在产品设计文献中，例如，Elofson和Robinson（2007）、Franke et al.（2006）、Franke和Piller（2004）调查了客户知识和能力对新产品设计的影响。与顾客合作创新的影响（CIC）是实质性的，因为这里有一个范式转变。公司现在向客户学习和新技术推动合作以及更开放的创新形式（Chesbrough，2003；Chesbrough 和 Appleyard，2007；Lichtenthaler，2008；Prandelli et al.，2006）。在需求定制方面，研究表明，定制产品的需求已经受到消费者异质性需求的刺激（Von Hippel，2005）和产品通过网络组织配置成为可能（Schilling 和 Steensma，2001）。产品设计变更的可能性与具有灵活的制造工艺一起不断扩大，这使得其能够捕捉到范围经济的好处，而不会导致效率产生显著性下降（Pine，1993）。在个人的层面上，提供精确定制的能力也与更强的粘接和客户锁定相关联（Vandermerwe，2000）。文献表明，企业正在使用定制和客户协同创新去塑造产品理念、降低开发风险。例如，由 Sprint 和联合利华赞助在线系列的观众提交故事情节和在观众社区进行想法投票（Cook，2008）。在科学技术进步方面，最近的研究强调了通过互联网对客户知识或者拥有共同兴趣的顾客虚拟社群的访问在促进客户协同创新中的作用（Fuller et al.，2007；Prandelli et al.，2008）。更多的实体通过在新产品的各个阶段或者服务的开发过程中促进客户协同创新的网络工具来分享想法和产品概念（Sawhney et al.，2005）。例如，在可行性阶段，投诉和调查数据激发思路，同时，客户指定产品设计时所需要的功能。随后，客户可以通过在线动画对产品进行评估（Prandelli et al.，2006）。然而，主要客户活动因发展阶段不同而会发生改变（Kim et al.，2008）。爱好者在开发新产品的功能过程中开展合作的乐高大使推广计划，提供了这样一个网络连通性的例子（Hamel，2002；Vandermerwe，2000）。相似地，在开发和测试过程中，视频游戏设计师把他们的客户看作为新的游戏理念潜在的共同开发者，并鼓励客户与其高频率互动（Jeppesen 和 Molin，2003）。正如文献所指出的，公司现在在虚拟的基础上进行产品的开发，例如，通过在互联网上放置产品原型从而得到未来客户的评论和批评（Choi 和 Cheung，2008）。在产品模块化方面，模块化一直是作为公司重大利益的主题，企业正在寻求加快产品开发的方法和与其他公司对接的能力（Sanchez 和 Mahoney，1996；Schilling，2000；Worren et al.，2002）。简而言之，模块化通常被视为在彼此连接的不同组件之间涉及的接口标准化（Baldwin 和 Clark，1999）。这种标准接口提供不同组件之间的“嵌入式协调”，从而促进产品定制（Sanchez 和 Mahoney，1996）。模块化也允许企业以比较低的成本，利用核心模块的不同组合去创造差异化产品（Pil 和 Cohen，2006）。例如，在计算机及电子相关行业，凭借促进网络创新，通过共享底层产品架构，模块化设计也被记入作为变革最重要的驱动力。插入电脑和其他设备的 USB 兼容设备的日益使用，示范一个增强的共享接口或协议是如何简化和减轻产品开发的努力的。模块化，产品组件可以同时开发然后与完整的产品集成（Prandelli et al.，2008）。另外，在信息服务业中的模块化已经被观察到有助于促进创新，因为它在不断变化的系统中提供了更大的灵活性和更高的速度（Ordanini 和 Pasini，2008）。虽然文献描述了模块化的许多好处，但是，客户协同创新模块化贡献的证据尚不清楚，其战略意义一直是辩论的主题。一方面，最近的一项研究发现，模块化有助于涉及供应商和用户的客户协同创新（Kim et al.，2008）。另一方面，服务业模块化案例研究发现，客户组织对节约成本的重视促使 IT 外包给知识密集型服务企业，但限制了创新所需的灵活性。此外，当知识密集型服务业企业尝试分配超过多个合同的成本，为客户提供更多标准化服务，但创新却减少了（Miozzo 和 Grimshaw，2005）。此外，也许，企业间相互的学习与高水平的组件模块化一起降低。当模块是可以从货架上购买的商品时，供应商和买家之间几乎没有相互依赖性，小企业间相互学习是微少的。在另一方面，当组件模块化水平比较低时，供应商与买家之间存在高度的相互依存关系和高水平的共同发展（Mikkola，2003）。一个复杂的因素是模块化没有共同定义（Campagnolo 和 Camuffo，2010；Salvador，2007），因为最近出版的 100 个出版物发现了超过 40 种不同的定义（Salvador，2007）。在专业知识和知识深度方面，作为一个促进客户协同创新的因素，知识深厚的重要性，在几个研究中已经被表示出来。例如，手术设备的激进创新，已被部分地归因于外科医生的深厚知识以及他们个人强烈想要找到解决具体手术问题方案的动机（Lettl et al.，2006）。而且，还察觉到，他们的客户合作者，知识渊博的销售商对客户协同创新关系较为满意（Athaide et al.，2003）。知识强度差异解释了客户协同创新在不同行业中的变化程度（Prahalad 和 Ramaswamy，2000）。例如，超过 90% 的拉挤成型创新、75% 的科学仪器创新、67% 的半导体和印刷电路板创新都归功于用户。当客户知识渊博和经验丰富时，客户协同创新在软件产品方面比较广泛（Nambisan，2002）。但是，工程塑料只有 1/10 的创新来自于用户，塑料助剂更少（Von Hippel，1988）。导致用户缺乏成熟技术的内部开发者的观念也与高技术产业和客户协同创新中止了联系相关（Olson 和 Bakke，2001）。个人客户经常有专业知识，他们凭借突出特色或者宁愿指出设计缺陷，去改善未来产品设计（Nonaka 和 Konno，1998）。

他们也可能是一个重要的隐性知识来源，特别是当它涉及到产品的使用和设计时（Dahlsten，2004；Prahalad 和 Ramaswamy，2004；Selden 和 MacMillan，2006），其可以补充内部专家的知识（Magnusson，2009）。实验室研究表明，普通用户可以为新产品开发提供有价值的想法（Kristensson et al.，2004），然而，另一项研究发现，蜂窝电话服务新理念的独创性与用户对底层技术的知识负相关（Magnusson，2009）。不出所料，服务创新个性化用户理念的独创性和他们的可行性有负相关的关系。因此，与具有不同学术背景的专业人士咨询需要改进可行性（Magnusson，2003；Magnusson et al.，2003）。客户协同创新（CIC）是开放式创新的内容之一，因为客户参与动机和内容的多样性、参与能力与方式的多元性和知识异构、流转的互异性使得客户协同创新（CIC）活动表现出复杂性与多态性（岳英和万映红，2016）。文献表明，知识和客户协同创新的关系是复杂的。尽管知识深度通常是一个促进因素，考虑到社会和集体性质的过程，一个大的知识基础并不一定会导致创新（Schienstock 和 Hamalainen，2001）。研究客户协同创新与 KIBS 企业的客户也表明，仅有知识是不够的，因此它建议根据客户沟通的开放性、宽容性、主动性等特点进行筛选（Bettencourt et al.，2002）。另一项研究质疑客户协同创新技术创新的价值，发现成功的合作可能集中在不太创新的产品，在高度创新产品方面与客户展开合作，可能比他们的价值更麻烦（Campbell 和 Cooper，1999）。在战略方面，对客户协同创新的追求可以为战略家提供挑战，这可能与战略的基本原则有冲突，如所有权或拨款权（Chesbrough 和 Appleyard，2007；Schultze et al.，2007）。保持保密以开展更加激进的创新也有问题（Brockhoff，

2003)，从用户的角度，这里有用户社区的创新已被制造商劫持的实例（Raasch et al.，2008）。另一个重要的战略问题涉及到客户最终将与供应商竞争的风险（Schultze et al.，2007）。一个并不限于客户或用户的合作者的合作调查发现，11%的受访者确定合作者作为未来竞争对手的主要风险（Littler et al.，1995）。最坏的情况，在没有合同协议的情况下，客户可能联合开发知识产权给其他竞争对手（Mehlman et al.，2010）。在信任存在与否方面，信任是客户协同创新的另一个可能贡献者，因为它已被强调为与客户协同创新的关键（Bettencourt et al.，2002；Brockhoff，2003；Ritter 和 Walter，2003）。在战略联盟文献中，有很多关于信任的重要性，培育和维持企业间的合作关系的论文。公司经常发现他们自身会参与“竞合”，他们通过相互之间的竞争和合作去分担产品开发的成本、风险和不确定性（Brandenburger 和 Nalebuff，1996）。与可以信赖的客户，如与长期存在关系的人一起工作，这提供了一个管理客户协同创新风险的方法（Enkel et al.，2005a）。此外，当涉及激进创新时，因为需要在较长时间内保持创新的秘密性，以使得它的影响更具战略性。在这种情况下，信托和合同权利成为关键（Brockhoff，2003）。并不局限于客户协同创新的产品开发调查也发现，信任是成功合作的关键因素（Littler et al.，1995）。在共鸣存在与否方面，体现在关怀和帮助的组织价值观的共鸣，已被确定为可持续发展、与客户协作努力的主要贡献者（Etgar，2008；Kelly et al.，1990）。在组织层面，主要集中在识别和满足客户的个性化需求的高度个人关系反映这种共鸣（Lei 和 Greer，2003）。洞察客户的感受和共鸣也便于使组织更深层次的理解和获得与产品或服务相关的客户经验（Sanders，

2002；Visser et al.，2007）。客户参与开发产品的理念可以创造更强的联系，满足情感或精神需求（Prahalad 和 Ramaswamy，2004）。在参与客户协同创新的虚拟团队也发现了共鸣，其已经与文化多元化团队的有效领导存在关联（Kayworth 和 Leidner，2001）。

第四节 研究方法及方法论问题

一、规范分析的方法

对目前现有的技术创新、政府研发资助、开放式创新和客户协同创新的相关理论进行了叙述，创新网络、政府研发资助、开放式创新、客户协同创新等方面的相关文献进行了梳理，继而构建并形成本书就企业外部创新网络对科技创新效率影响的理论研究思路。

二、实证分析的方法

在对政府 R&D 资助与技术创新企业特性相互关系的理论研究中，运用了随机前沿分析方法研究政府研发资助、企业外部研发支出、客户协同创新对科技创新效率的影响程度以及政府研发资助与企业内部研发投入、企业外部研发支出之间的相互关系，并运用随机前沿分析方法对我国省级层面科技创新效率进行了测算；就政府研发资助对企业内部研发投入、企业外部研发支出、本土企业与跨国公司合作创新、本土企业之间的研发合作和产学研协同创新影响进行了脉冲响应分析。

三、比较分析

在实证分析过程中，对回归样本进行东部、中部、西部地区分组比较，验证地区特性差异化情况下政府研发资助效果差异，进而对本书所研究的理论问题进行深层次的分析。

第五节 研究思路与本书结构

长期以来，技术创新存在知识外溢以及企业在技术创新活动中的研发支出低于社会最优水平已成为理论界共识。为了解决这个市场失灵问题，各国政府通常会采取诸如税收优惠、财政补贴和研发资助等政策工具进行干预。政府采取这些政策手段的主要目的是有效降低企业 R&D 成本，激励企业增加 R&D 支出，提高技术创新资源利用效率。科技创新是一项具有高投入、高风险的经济活动。在市场竞争越来越激烈的情境下，企业如果不创新就难以获得持续的竞争优势，更甚者难以在市场上生存。但大量投入人力、物力和财力开展科技创新活动，则面临着高失败率风险，有些企业由此陷入困境。因此，哈佛大学教授 Henry W. Chesbrough 2003 年认为，技术创新的复杂性、不确定性和竞争性使得传统封闭式创新无法满足时代要求，企业需要打破原有的企业边界，开展一种开放式 R&D 活动，并提出开放式创新模式。在市场经济体制下，作为市场主体的企业需要根据市场需求开展科技创新活动，企业将目标客户融入创新过程，因为企业这样做能够使得其创新产品更能适应消费者的需要，因此本书需要将客户协同创新理论纳入研究范畴。基于以上分析，本书做了一个图，从企业外部创新网络的视角，将政府研发资助、企业外部研发支出、客户协同创新和科技创新效率关系联系起来。如下图1.4所示。

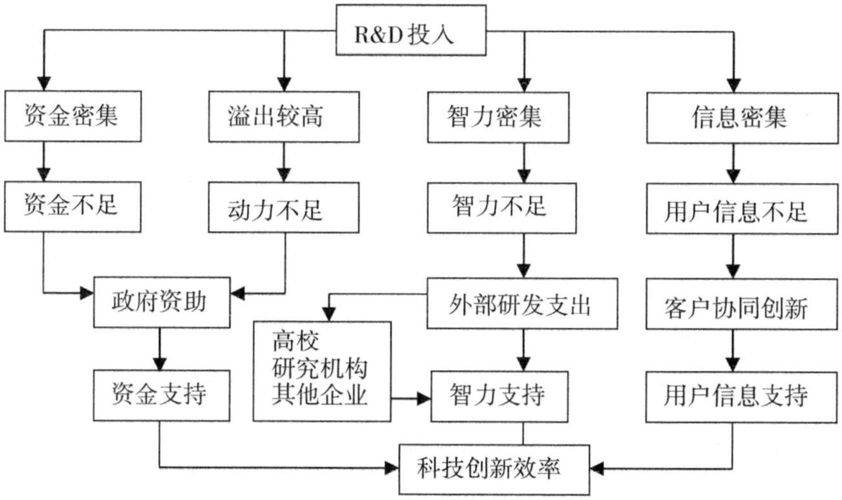

图 1.4 研究思路图

本书首先是导论部分，主要包括问题及其研究意义、相关概念界定、文献综述、研究方法及方法论问题、研究思路与本书结构这五个内容。

本书的第一章是理论基础部分，主要包括技术创新、政府研发资助、开放式创新和客户协同创新理论基础。其中，技术创新理论包括技术创新理论起源和技术创新理论的发展；政府研发资助理论包括 R&D 投资的外部性和 R&D 投资的不确定性；开放式创新理论包括社会网络理论、社会互赖理论和三螺旋理论；客户协同创新理论包括用户创新、领先用户、客户参与产品协同创新的动机和客户参与产品创新的内容等内容。

本书的第二章是现状分析部分，主要包括我国政府研发资助的现状、企业外部研发支出现状、客户协同创新现状、科技创新效率现状等内容。

本书的第三章是机理分析部分，主要包括政府研发资助对企业内部研发投入的影响机理、政府研发资助对开放式创新的影响机理、政府研发资助对企业技术创新效率的影响机理、客户协同创新对企业科技创新效率的影响机理等内容。

本书的第四章是企业外部创新网络对科技创新效率影响的随机前沿分析部分，主要包括研究方法的选择、随机前沿生产模型、变量说明及数据来源、实证结果及其分析等内容。

本书的第五章是脉冲响应分析部分，主要包括全国整体、东部地区、中部地区和西部地区，政府研发资助对企业内部研发投入、企业外部研发支出、本土企业与跨国公司合作创新、本土企业之间的研发合作和产学研协同创新影响的脉冲响应分析等内容。

本书的第六章是研究结论、对策建议和研究展望部分。为了提高我国的科技创新效率，本书提出了打击寻租腐败，严防科技创新领域腐败的滋生；建立新型的政企关系；增加政府科技创新资助金额；扭转当前政府部门对企业研发支持的扭曲局面，实现政府外源性供给和企业内生性需求的匹配对接；增加对东部地区自主创新和中西部地区开放式创新活动的资助力度，减少对东部地区开放式创新和中西部地区自主创新活动的资助力度；充分发挥东部、中部、西部地区客户协同创新的科技创新效应等对策建议。

第六节 本书创新及不足之处

本书选用 2000—2014 年省际面板数据，利用 Frontier4. 1 软件，研究企业外部创新网络中政府部门、其他创新企业、高校、研究机构、协同创新客户等主体对科技创新效率的影响，并对政府研发资助、企业内部研发投入、企业外部研发支出之间的关系进行了研究，就政府研发资助对企业内部研发投入、企业外部研发支出、本土企业与跨国公司合作创新、本土企业之间的研发合作和产学研协同创新影响进行了脉冲响应分析。只不过，由于数据的可获得性以及精力的有限性，关于供应商、科技中介机构、银行机构研发信贷等对科技创新效率的影响未及研究，这也是本书的不足之处。

第一章

理论基础

第一节　技术创新理论

一、技术创新理论起源

理论界已经达成的共识是，技术创新理论首先是由美籍奥地利政治经济学家熊彼特提出来的。19 世纪末 20 世纪初，资本主义世界开始步入垄断阶段，内部矛盾日益突出，工人阶级和资产阶级的阶级对立与冲突日益激化，经济危机屡屡发生并成为资本主义世界面临的最大危机。在此情境下，很多学者开始思考资本主义产生和发展的问题，并且，马克思主义、社会民主主义、资本主义等理论、思潮在此期间逐渐发展起来。而熊彼特开创性地突破传统西方经济学研究模式，摒弃传统生产要素（资本、劳动力、土地等）在投入数量上的分析方法，从技术和经济相结合的视角研究技术进步和经济非均衡发展两者之间的关系后提出“经济发展理论和创新思想”，初步形成了创新理论。

熊彼特在著作《经济发展理论》（1912 年出版）中首次提出“创新”这一概念，后来又分别在著作《经济周期》（1939 年出版）和著作《资本主义、社会主义与民主主义》（1942 年出版）中丰富和完善了创新理论的内容，从而形成了相对完整的创新思想体系。熊彼特提出，创新是建立一种全新的生产函数，将以前没有提及的关于生产要素与生产条件的新组合融入到生产体系中。这种新组合包括：采用一种新产品，采用一种新的生产方法，开辟一个新市场，取得或发现原材料或半制成品的一种新的供应来源，实现任何一种工业的新的组织。并且，熊彼特认为，企业家通过不断引入“全新组合”进而实现“创新”以及“创造性破坏”进而推动经济发展，经济发展来自于创新，创新是资本主义经济发展的根本现象和本质所在。

然而，熊彼特的创新理论存在一定的局限性：过分夸大创新对经济发展的影响，没有意识到生产力和生产关系的矛盾在经济和社会发展过程中发挥着决定性作用，甚至不承认生产关系在经济发展中起的关键性作用，使得其创新理论具有明显的谬误性和片面性。另外，片面夸大企业家在经济发展中的作用，把经济发展完全归结于企业家对生产要素创新的组合和配置，试图运用创新理论来解释资本主义所有经济问题，未能在根本上阐述资本主义产生和发展的基本规律。

二、技术创新理论的发展

自从熊彼特提出创新概念以后，学术界对技术创新理论方面的研究已有近一个世纪了，此期间，很多学者对技术创新的含义进行过多次争论和探讨，并将对技术创新理论相关的研究扩展到技术创新动力、技术创新扩散和技术创新系统等多个领域。

1. 对技术创新含义的争论

Solow（1951）首次从创新过程的视角对创新成立的条件进行了阐述，他认为技术创新成立需要新思想来源以及新思想出现后的实现两个条件。在后来的研究中，这两个条件被学者们认定是对技术创新概念深度概括的、里程碑式的成果。20 世纪六七十年代，爱德温·曼斯菲尔德（Edwin Mansfield）指出，技术创新是一个相互作用的复杂过程，并对“黑箱”内部运作机制进行了研究，进而提出，从经济学意义来说，只有首次被应用才能被称为创新。美国国家科学基金会把技术创新具体划分为具有重大意义的、特定的技术创新和普通的、具有一定代表性的技术变革两种类型，并对技术创新的含义进行扩展，把模仿、未引进新技术和新知识列入创新中。另外，恩特巴克、林恩、马奎斯和梅耶斯、斯通曼和 OECD 等学者、组织从不同视角界定了技术创新含义。

2. 技术创新动力理论

熊彼特 1912 年认为，新技术的发明是推动企业家开展技术创新以便获取高额利润率的动力，也就是说，技术创新是新技术和新发现所推动的。20 世纪五六十年代，施莫克乐认为，技术创新受到市场需求拉动与制约，只不过其忽视了科技发展对技术创新的积极作用。20 世纪 70 年代，卡米恩和施瓦茨研究了市场结构和技术创新的关系后提出，中等程度竞争的市场结构是最利于技术创新的市场结构。另外，与技术创新动力机制相关的研究还包括罗森堡提出的瓶颈诱导创新论、希克斯提出的要素稀缺诱导创新论、门斯提出的技术僵局论和斋藤优提出的国民需求与资源关系论。

3. 技术创新扩散理论

黑格斯传德（1953）从空间角度研究了技术扩散现象后首次系统地提出，技术创新扩散是一个学习、交流的过程，并且技术创新信息有效流动是最为重要的因素之一。邓宁在20世纪80年代初从企业内部角度出发，探讨了企业跨国经营与技术转移的动力，提出来何种投资方式最有利于经济快速增长技术选择理论。斯通曼（1983）提出了包括企业间转移、企业内扩散、国际上经济领域转移内容的创新扩散模式论。曼斯菲尔德（1991）认为，技术扩散过程是一个学习过程，研究了技术创新和模仿之间的关系后提出了技术模仿论，并指出，如果新技术没有被垄断，模仿者可以自由选择和利用，专利权对模仿者存在很小影响，企业均可对某一种新技术开展技术模仿。

4. 创新系统理论

20世纪80年代，创新系统的研究模式开始出现并得到了广泛应用，从系统的视角来阐述和研究影响技术创新的各种因素，从而在理论界形成对国家（或区域）创新系统、产业创新系统开展研究的理论和实证分析方法。国家创新系统理论渊源来自于国家学说代表人物李斯特提出的国家系统概念，OECD（1977）认为，国家创新系统是由高校、研究机构和企业组成的，为创造、储备与转让知识和技能以及新产品相互作用而形成的网络系统。区域创新系统由Cooke等于1996年提出，其认为，区域创新系统是一个相对于国家创新系统的概念，其比较注重从地理因素出发考虑创新系统所在的区域环境。产业创新系统由Breschi和Malerba（1997）综合演化和学习理论后提出，其认为，产业创新系统是为创造、生产和销售产品而形成的大量的市场及非市场互动的，由一系列部门组成的系统。

第二节　政府研发资助理论

一、R&D 投资的外部性

技术创新企业 R&D 过程往往会投入大量的人力、物力和财力，承担巨大风险，且技术或知识是 R&D 投资活动的核心。技术或知识和其他私人产品不同，其具有公共品特征。第一，技术或知识具有非竞争性。即当某一个企业使用这种技术或知识，其不能阻止其他企业同时使用。第二，技术或知识具有非排他性。技术或知识的创造者很难阻止他人在没有得到授权的前提下使用。技术创新企业 R&D 产出的这个特性抑制了降低了企业开展研发活动的积极性。

因此，需要政府部门采取法律等措施提高技术创新企业 R&D 投资产出排他性。例如，Arrow（1962）提出，如果通过法律等途径，信息可能变成一种可以垄断占有的商品。然而，在生产活动中，信息的运用都不可能避免存在其被泄露的概率，至少是某种程度上的信息泄露。其中，技术创新企业间研发人才的流动就是一种很好的信息传播方式。因此，不可能存在这样一种法律保障能够使得信息成为一种被创新企业单独占有的东西，即使是产权保护法也只能提供一些保障。保护知识产权法律作用的有限性完全不能排除 R&D 产出的外部性对技术创新企业 R&D 投资的消极作用。

二、R&D 投资的不确定性

科技创新活动的不确定性主要体现在以下两个方面：一是科技创新企业根本就没有办法确定 R&D 投资产出能否达到预期；二是即使科技创新活动达到了预期效果，但是市场认可也是高度不确定的。实际上 R&D 投资是一个充满风险的、长期的、曲折的过程，无法从 R&D 投入的视角预测创新的成功概率。因此，科技创新企业开展 R&D 投资活动就承担着很大的风险。技术创新企业在 R&D 投资的过程中往往是厌恶风险的，这使得企业选择歧视风险项目。

第一，从融资视角来说，当技术创新企业难以取得内部资金支持时，其在 R&D 投资方面会面临融资约束。R&D 投资的不确定性使得外部资金供给者提供大量资金支持的积极性不高，即使提供资金也会要求获得较高的风险溢价。

第二，从抵押品方面来说，R&D 投资主要用于 R&D 人员的雇佣及培训，一旦科技创新活动没有取得成功，R&D 投资的绝大部分就演变成为沉没成本。和其他固定资产投资相比较，R&D 投资无法承担信用贷款抵押品的功能。企业面临着融资约束制约着企业的 R&D 投资行为。

第三，从市场反应来看，R&D 投资产出的市场反应不确定性制约着技术创新企业 R&D 投资，特别是基础性 R&D 投资方面。这是因为，基础性 R&D 投资和消费者市场存在较远的距离，这种不确定性会提高 R&D 投资的机会成本。一般来说，R&D 投资的不确定愈大，技术创新企业在 R&D 投资规模就愈小。

第三节 开放式创新理论

一、社会网络理论

社会网络是指由一些个体间的社会联系或社会关系组成的相对稳定的社会系统（Wellman，1988），它们构成了社会结构，其中，网络的行动者包括个人、部门、家庭和组织，他们差异性地占有各种资源，关系的密度、数量、方向、力量以及行动者在社会网络中的位置都影响着稀缺性资源流动的方式及其效率。

1. 强弱联结理论

美国社会学家 Mark Granovetter 在论文《弱关系的力量》（1973 年发表于《美国社会学杂志》）中最早提出联结强度这一概念。他从感情力量、互动的频率、互惠交换和亲密程度四个维度将联结具体分为强联结和弱联结两种。强联结大多产生于个人和其他家庭成员、事业合作伙伴、工作搭档、主要客户和挚友之间，他们在工作和生活中存在较多互动的机会。弱联结大多产生于沟通和互动机会较少的亲友、朋友、同学和邻居等之间。在知识、信息的传递过程中，强弱联结发挥着差异性的作用。强联结往往包含着相对稳定的信任和合作关系，能够传递高质量的、隐性或复杂的知识，弱联结是获得无冗余性新知识（new knowledge）的重要通道。封闭的强联结会对新知识的输入起到限制作用，减少了对网络外部信息的搜索机会，从而使得行动者局限于自己的小圈子里。

2. 社会资本理论

Coleman 在论文《家庭和学校》（1987 年发表于《教育研究者》）中提出，社会资本是指一个组织或个体拥有的社会结构资源性的资本财产。组织或个体参与的社会团体愈多，其拥有的社会资本就愈雄厚；组织或个体的社会网络规模愈大、异质性愈强，其社会资本愈丰富；组织或个体的社会资本愈多，其获取资源的能力愈强，其在网络结构中的地位愈高。

3. 结构洞理论

Burr 在专著《结构洞：竞争的社会结构》（1992 年出版于哈佛大学出版社）中提出，结构洞是指社会网络中存在的空隙。如果在社会网络中某些个体与有些个体有直接性的联系，但和其他个体关系间断，从网络整体的视角来看仿佛网络结构中存在洞穴，故称作结构洞。

在相关研究文献方面，Williamson（1985）、Gordon et al.（1997）采用企业科技创新网络理论进行分析后提出，企业和外部组织系统建立起来的相互信赖、互利互惠的协作制度是一种效率高的创新模式，这种新的模式表现出特有的复杂性特征。Uzzi（1997）认为，如果社会网络结构存在过度紧密的关系，这会使得网络形成群体性思维以及对网络外部新事物的排斥，从而导致创新网络的衰落。王大洲（2001）指出，创新网络理论认为，企业创新网络是一种有目的的、长期的自组织活动，其能够帮助企业实现技术上的非线性跃升。Dacern（1997）指出，社会网络理论已经超越个人之间的关系范畴，其把当地经济组织以及社会团体涵盖了进来，借助企业之间的关系替代社会之间的关系，企业节点替代个人节点，从而建立起企业网络的概念，并把企业组织行为由市场价格调整转变为市场和社会规范共同作用的结果。Drejer 和 Jorgensen（2005）指出，社会网络对科技创新网络跨区域合作起到了非常重要的作用，建立在彼此信任基础上的科技创新协同实现了社会网络和创新网络的有效融合。Clark 和 Guy（1998）认为，创新网络不仅可以避免高昂的市场交易成本，而且可以规避高额的组织费用，是解决日益变化的市场竞争环境下的科技创新问题的一种最佳模式。Freeman（1991）认为，创新网络是应对系统性创新的制度安排，具有隐含性和非正式的关系特征，创新网络的形成过程是社会活动由随机模式向组织制度化模式转变的过程。罗家德（2005）和 Burt（1992）认为，在目前的科技创新网络中，网络成员两者之间可能不会产生关联，因此结构洞在科技创新网络中是比较常见的。结构洞为行动者（actor）提供了操纵信息资源从而获利的空间，处于网络中的一个"好位置"。占据结构洞位置的节点能够接触到互相不相连的协同伙伴，可以获取更多的不重复性信息，并占据持有和掌控信息的优势。结构洞理论认为，企业或企业家通过链接存在一定隔断程度的、异质性的创新主体可以为企业快速成长提供一些互补性资源。企业成长需要的资源和企业所处的网络结构演变是存在关联的，网络中的结构洞增加了网络中冗余信息的数量，提高了异质性信息的传递速度。

二、社会互赖理论

Koffka. K 在专著《格式塔心理学原理》（1935 年由纽约哈考特－布雷斯－约万诺维奇公司出版）中提出，特定的社会背景下人们所追求的目标结构对人与人的联动方式起着决定性作用，并且联动方式反过来决定了人们追求的结果。社会互赖理论集中研究在竞合的情境下个人或组织之间相互影响时的内在心理过程、行动效率、互动方式及其结果。莫顿·道奇（1949）认为，社会存在积极和消极这两种社会互赖，并提出社会存在两个连续体。一个是人们行为的类型，有效和无效是这个连续体的两端。另一个是人们在达成共同目标的基础上的互赖类型，他们用积极和消极的互赖是这个连续体的两端。1970 年以来，约翰逊兄弟专心研究学生在学习过程中的竞争和合作行为后认为，社会还存在无互赖，即在不存在没有互赖的背景下不会出现互动现象，也就是说学生之间彼此都是独立作业的。

三、三螺旋理论

Henry Etzkowitz 和 Loet Leydesdorff 在论文《大学—企业—政府关系的三重螺旋：以知识为基础的经济发展的实验室》（1995 年发表于 *EASST Review*）中基于知识经济背景下政府、企业和大学三者之间的新型联动关系提出了官产学三螺旋理论，即政府、企业和大学是以知识为基础的经济社会内部科技创新制度环境的三个部门，它们在把知识转化为生产力的过程中互动起来，从而推动科技创新螺旋式地上升。三螺旋理论强调政府、企业和大学之间是合作关系，他们在给社会创造价值的过程中，三者相互作用，互利互惠，彼此重叠。即政府、企业和大学三者的“交迭”是区域创新系统的中心单元，三方的联动是促使知识生产及其传播的主要因素。陈红喜（2009）采用三螺旋理论对“大学—产业—政府”三者之间的关系进行分析后提出，政产学研合作应该重点组建研发实体，争取政府部门的积极参与、协同和支持。边伟军和罗公利（2009）认为，在合作创新过程中，政府、企业、大学三者不仅有明确分工，而且在功能上存在重叠，官产学联盟和科技企业孵化器是官产学合作创新的重要模式。石火学（2010）认为，在政产学研结合的过程中，政府、企业和大学分别是政策创新、技术创新和知识创新主体，三者地位彼此平等，不仅有分工而且又适度交叉。徐珏和于丽英（2010）对张江和硅谷产业集群发展的三重螺旋关系进行比较分析后提出了一些增强官产学三重螺旋紧密关系的对策建议。

第四节　客户协同创新理论

客户是市场主体与核心，他的需求及其意愿是所有企业设计、生产和制造的出发点与归宿点。

当前在经济发展和科技进步的推动下，与客户需求相关的客户知识呈现复杂多变、消费个性化特征，让客户参与到产品技术创新的过程中，协同企业设计出满意的创新产品是更好地迎合客户的要求和偏好最直接的办法。

一、用户创新

Von Hippel（1976）首次提出了用户是科技创新者的观点，并指出，用户在科技创新过程中发挥的作用主要表现如下：（1）觉察到进行产品创新的需要；（2）提出解决方案；（3）构建原型计划；（4）通过自身使用确认原型价值；（5）扩散创新产品价值与产品原型以及仿制的信息。

与用户创新的理论研究引起企业对科技创新源的再认识。Von Hippel 在《创新的民主化》中提出，与先进技术大量涌现和知识经济时代相伴随是，用户创新将来会大幅度发展。Rosenberg（1982）认为，用户使用产品的过程中会执行问题求解任务。Gales 和 Mansour Cole（1995）指出，用户参与产品创新项目会显著提高创新项目的成功几率。Lüthje（2003）也提出，用户在产品创新过程中发挥了发明者的作用。

熊彼特认为，产品创新的企业能够通过暂时垄断整个市场进而获得高额回报，即创新租金，创新租金是企业进行科技创新的主要动力。在科技创新的早期阶段，突破性技术的复杂性导致设计的不成熟性以及市场的高度不确定性，企业缺乏开发的足够动机。用户不需要通过把科技创新推向市场这种途径获得创新租金，所以，创新用户开展科技创新面临失败的风险要小得多。

二、领先用户

针对企业的产品创新，理解和确认客户需求及其市场趋势是非常重要的。Von Hipple（1986）研究了传统新产品开发设计方式后提出了领先用户的概念。他认为，相对于市场上普通客户而言，领先用户可能提前几个月甚至几年就使用市场上即将普及的创新产品，并且，领先用户往往会找到解决他们需求的详细方案并从中受益。

领先用户，相对于普通用户，在需求前瞻性、创新的动力和能力等方面都具有优势，研究领先用户是研究客户创新相关理论和应用的基础。领先用户一般都具有以下四个特征：一是渊博的知识，在专业领域具有较高的成就；二是能够承担 R&D 结果失败的可能性；三是能从技术网络获得研发新产品需要的技术知识，在重复试错的过程中改进自己的解决方案；（4）他们拥有开展R&D活动所需的资金、设备和时间。所以，位于用户金字塔顶端的领先用户是很少的。

领先用户法是寻找产品开发机会的一个强有力的工具。领先用户手中掌握了一些特殊经验并试图满足自身需求，其能够为企业提供具有很高价值的需求预测、创新产品构想以及原型设计。Lettl等（2006）指出，领先用户在企业进行突破性技术创新中发挥了重要作用。企业直接从领先用户获取具有市场前景的产品原型，能够减少创新产品开发周期以及研发成本，进而提升技术创新效率；企业积极与创新用户开展各种联系能够获得最新的技术能力，扩大技术联系网络，并与领先科技研究机构保持密切联系。

三、客户参与产品协同创新的动机

1. 产品需求动机。客户购买产品进行消费，目的是为了满足自身的欲望。根据需求层次理论，客户需求层次会逐步上升，客户往往会选择参与产品研发以满足自身提升的需求。这是因为，客户比企业更了解他们需求，他们认为积极参与产品创新能够保证产品质量能够满足自身的需求。

2. 社群交往动机。根据社会交换理论，客户如果能够从产业产品研发的过程中获得收益，遵守互利互惠规范，愿意为所得给予回报，那么客户和企业就组成互动群体，共同享有特定目标与期望。互联网作为新型社会关系网络，其发展给客户的交往提供了一个全新的环境和空间。

3. 沉浸动机。根据沉浸理论的观点，客户往往会根据自身的内心动机去做自己愿意做的事情，从而愿意持续地做一些特定的活动。客户非常感兴趣通过虚拟客户参与系统参与产品创新，并且能够集中注意力，过滤掉不相关知觉，全身心地投入。

四、客户参与产品创新的内容

在产品创新过程中，客户是组织活动的前段，其在产品创新三个阶段深度参与，并创造新价值。在想法产生阶段，客户作为资源，其通过提供评价和想法为新产品研发贡献想法和需求等信息。在产品设计阶段，客户识别自己喜欢的产品特征，并对其进行排序，进而与企业共同设计资金最喜爱的产品，同时详述自己对产品的需求界面。在原型产品测试阶段，客户对产品原型开展测试和准确评价活动，并与其他客户创新产品使用体验。

第二章

现状分析

第一节　我国政府研发资助的现状

一、我国政府研发资助持续增长，但比重并不高

近年来，我国政府研发资助总量不断增加，如表 2.1 所示，2000—2014 年，国家财政科技拨款由 575.60 亿元增加到 6454.50 亿元，年均增长 17.49%，国家财政科技拨款占国家财政总支出的比重由 3.62% 提高到 4.25%，这说明我国政府的研发财政投入，无论是在总量方面还是在财政总拨款中所占比重方面都呈现上升趋势，我国政府部门对于技术创新的重视程度不断提高，政府资助力度不断加大。

表 2.1　2000—2014 年国家财政科技拨款数据

年份	国家财政科技拨款（亿元）	国家财政科技拨款占国家财政总支出的比重（%）
2000	575.60	3.62
2001	703.30	3.72
2002	816.20	3.70
2003	975.50	3.83
2004	1095.30	3.84
2005	1334.90	3.93
2006	1688.50	4.18
2007	2113.50	4.25
2008	2581.80	4.12
2009	3224.90	4.23
2010	4114.4.	4.58
2011	4902.60	4.49
2012	5600.10	4.45
2013	6184.90	4.41
2014	6454.50	4.25

从表 2.2 可以看出，从 2011—2014 年 R&D 经费的资金来源分布来看，企业资金所占的比重最大，政府资金所占的比重大约在 21% 左右，政府对我国研发活动提供了较多的资金支持。但是与主要发达国家相比，例如，美国政府资金占 R&D 经费的比重在 2009 年占到了 31.1%，同期英国占到了 32.1%，法国占到了 39.7%，我国政府投入占 R&D 经费的比重仍待进一步提高。因此我国政府应该继续加大 R&D 补贴投入力度，进一步提升 R&D 投入在政府财政支出中的比重，更大程度地发挥其对企业研发投入

的引导作用，继续提升我国研发投入的总体水平。

表 2.2 2011 -2014 年 R&D 经费的资金来源构成（单位:%）

年份	政府资金	企业资金	国外资金	其他资金
2011	21.68	73.91	1.34	3.08
2012	21.57	74.04	0.97	3.41
2013	21.11	74.60	0.89	3.40
2014	20.25	75.42	0.83	3.50

二、地方政府科技支出的比重不断提高

2001 年国家财政科技支出达 703.3 亿元，比上年增加 127.7 亿元，增长 22.2%，占国家财政支出的比重为 3.7%。在国家财政科技支出中，中央财政科技支出为 444.4 亿元，比上年增长 27.1%，占中央财政支出的比例为 7.7%；地方财政科技支出为 258.9 亿元，比上年增长 14.6%，占地方财政支出的比重为 2.0%。

表 2.3 2001 年财政科学技术支出情况

	财政科技支出（亿元）	比上年增长（%）	占财政科技支出的比重（%）
合计	703.3	22.2	—
其中：中央	444.4	27.1	63.19
地方	258.9	14.6	36.81

2014 年，国家财政科学技术支出为 6454.5 亿元，比上年增加 269.6 亿元，增长 4.4%；财政科学技术支出占当年国家财政支出的比重为 4.25%。其中，中央财政科技支出为 2899.2 亿元，

增长6.3%，占财政科技支出的比重为44.9%；地方财政科技支出为3555.4亿元，增长2.9%，占财政科技支出的比重为55.1%。

表2.4 2014年财政科学技术支出情况

	财政科技支出（亿元）	比上年增长（%）	占财政科技支出的比重（%）
合计	6454.50	4.40	
其中：中央	2899.20	6.30	44.90
地方	3555.40	2.90	55.10

从我国财政科技拨款的来源来看，地方财政科技支出拨款在科技财政支出中的比重由2001年的36.81%提高到2014年的55.10%，地方政府在科技创新活动中发挥着越来越重要的作用，这与近些年地方政府财政实力不断增强以及地方政府积极兴建以高科学技术企业为主的开发区有关，这也说明了地方政府早已意识到要发展地方经济，必须结合地方经济特征因地制宜地增加研发投入，大力提高科技创新能力。

三、政府科技拨款地区分布不平衡

2011年我国地方政府财政科技拨款中，东部地区占全国地方政府科技拨款的比重达75%，中部地区为14%，西部为均为11%。表2.5所示，2011年按地方政府财政拨款占地方财政支持的比重排名前10名省（市、区）中，东部地区占了9个，中部地区仅仅占了1个。经济发展水平高的东部地区，财政收入多，地方政府对于财政科技支持的力度也较大，而中西部地区由于自身经济发展水平和财政收入的约束，没有能力将较多的财政经费投入到科技活动之中，财政科技支出也比较小，因此经济欠发达地区的财政科技投入有待进一步增加。

表 2.5　2011 年地方政府财政拨款占地方财政支持比重前十名的省（市、区）

	地方财政科技拨款（亿元）	占地方财政支出的比重（%）	所属地区
北京	183.07	5.64	东部
上海	218.50	5.58	东部
浙江	143.90	3.74	东部
江苏	213.4	3.43	东部
天津	60.17	3.35	东部
广东	203.92	3.04	东部
安徽	77.03	2.33	中部
辽宁	87.20	2.23	东部
山东	108.62	2.17	东部
福建	40.48	1.84	东部

四、政府科技援款有待进一步优化

近些年，国家对科技创新的重视程度不断提高。只不过，我国科技系统存在比较严重的体制分割和各自为政的问题，科技资源得不到统筹管理，科技资源被分散重复使用的现象时有发生。科技拨款行政化色彩比较明显，政府手中掌握着许多的科技资源，政府的过分干预会使得市场在资源配置中的主导作用无法得到发挥。

以绿色新兴产业光伏产业为例，2011 年以来我国各省（市、区）政府部门对光伏产业提供了许多的资助政策。例如，山东省给予资金扶持、价格扶持和引导金融机构提供优惠贷款利率等政策；浙江省采取对光伏发电的上网价格按照成本加利润的方法进行扶持；北京市根据部分与建筑结合的太阳能光伏并网发电及风光互补项目建成后的实际发电效果，连续三年按照1元/瓦·年的标准进行补助。赛维LDK、无锡尚德分别在江西新余政府和江苏无锡政府的支持下快速发展起来。然而，2013年无锡尚德向外宣布破产。其中原因包括：光伏行业过剩、尚德管理层的投资决策失误、缺少核心技术、政府过度扶持致使市场机制扭曲、欧美“双反”等原因。

我们对政府的行为进行反思，地方政府手中掌握大量的资源，可以给予企业大量的补贴，各省（市、区）在光伏产业方面形成竞争态势，可以说，光伏产业偏离了市场本来发展轨迹，已经成为省（市、区）政府之间较量的舞台，由于对光伏产业市场风险及行业前景估计不足，从而带来了严重的产能过剩和资源浪费等问题。第一，各省（市、区）政府在制定光伏产业扶持政策时，只强调是光伏产业的企业，无论这个企业技术含量有多大、市场竞争能力有多强，一律使用相同政策，在企业的技术创新方面没有提任何的要求，没有将技术含量低、投入产业效率低、转化水平低的企业排除在支持体系之外，从而刺激企业为了获得政府政策上的巨大收益进行盲目投资。第二，地方政府为了获得政绩，采取土地价格优惠、税收优惠、财政资金扶持等优惠政策吸引企业来本地投资，这些优惠政策在一定程度上加剧了光伏产业的恶性竞争，降低了光伏产业投资者对市场风险的警惕性。

第二节 我国企业外部研发支出现状

一、我国企业外部研发支出急剧增加，且存在较大的地区差异性

在知识经济时代，企业仅仅依靠内部的资源进行高成本的创新活动，已经难以适应快速发展的市场需求以及日益激烈的企业竞争。在这种背景下，“开放式创新”正在逐渐成为企业创新的主导模式。从增长速度上来看，我国开放式创新活动急剧增加，据统计，科技活动经费外部支出由2000年的968762万元增加到2014年的4581859万元，年均增长10.91%，其中，对研究院所和高校支出由2000年的412468万元增加到2014年的1982132万元，年均增长11.03%；对其他企业支出由2000年的210465万元增加到2014年的823320万元，年均增长9.52%；对跨国公司支出由2000年的345829万元增加到2014年的1776407万元，年均增长11.53%。从支出结构上来看，2014年我国科技活动经费外部支出为4581859万元，其中，对研究院所和高校支出为1982132万元，对其他企业支出为823320万元，对跨国公司支出为1776407万元，比重分别为43.26%、17.97%、38.77%。从地区分布来看，开放式创新活动主要在经济发达地区开展。2014年，科技活动经费外部支出总额居于前十位的省（市、区）分别为四川（132540万元）、陕西（111390万元）、辽宁（140581万元）、河北（139597万元）、浙江（235996万元）、山东（599185万元）、北京（289620万元）、上海（387917万元）、江苏

（588625 万元）和广东（498505 万元），显然，科技活动经费外部支出总额居于前十位的省（市、区）中，东部地区占到了 8 个，中西部地区只占到了 2 个。

二、创新源的流动具有明显的单向性

企业在进行科技创新和开展开放式创新活动的过程中，创新源主要有企业内部和企业外部两个。企业内部和企业外部两种资源跨边界整合的过程，也是创新型产品产生的过程。但是，我国企业内部创新源相对缺失，两种资源双向流动丧失了赖以生存的基础，因此，在我国，企业内部和企业外部两种资源的双向流动往往演变为两种资源的单向流动，即企业外部资源单向向企业内部流动，这种单向流动主要体现在人力、资金、管理等方面。由于这种单向流动使得企业没有办法向合作伙伴进行外部输出，这最终会影响资源流动的平衡性以及企业开放式创新水平。

三、开放式创新外部创新源获得比较困难

开放式科技创新是基于在科技创新资源基础之上，而不管是商业资源还是技术资源又都建立在社会资本基础之上。对企业来说，社会资本包括企业内部资本和企业外部资本，其可以理解为企业与其价值链条上下游企业组成的资本，企业内部和外部相关实体、群体之间相互联系构成的企业社会资本总和，其影响企业调动资源的数量。在这一方面，我国企业在品牌、企业规模、资金技术实力、风险承受能力等方面存在劣势，这也导致我国的企业在开放式创新发展水平方面有所落后。

四、开放式创新过程并不稳定

科技创新，特别是开放式科技创新过程是一个需要持续投入人力、物力和财力的过程。目前，在市场经济情境下，企业面临着比较高的融资成本困境，这在一定程度上限制了企业开展开放式创新活动的能力。这是因为，企业在进行开放式创新过程中，外部资源会源源不断地向内部传导，在这个过程中，很有可能由于人力或资金投入相对不足而带来新的问题，甚至直接导致开放式创新活动失败。

第三节　我国客户协同创新现状

从表 2.6 可以看出，2014 年，客户协同创新的平均值为 0.35，这说明 1/3 左右的省（市、区）开展了客户协同创新活动，2/3 左右的省（市、区）没有开展客户协同创新活动。从地区分布来看，东部地区开展客户协同创新的省（市、区）有天津、辽宁、上海、江苏和山东，中部地区开展客户协同创新的省（市、区）有吉林，西部地区开展客户协同创新的省（市、区）有广西、四川、云南、西藏和青海，这说明西部地区开展客户协同创新的数量是最多的，东部地区次之，中部地区最少。比较 2000 年和 2014 年的数据我们可以看出，2014 年开展了客户协同创新的省（市、区）要比 2000 年多得多，这说明我国的科技创新活动已经由纯技术导向阶段逐渐过渡到以技术导向为主、需求导向为辅的阶段。早期，我国的科技创新是纯技术导向，这是因为：我国是一个发展中国家，相对于西方发达国家，技术水平比较低，所以，在经济全球化背景下，为了与国外进口品竞争，采取纯技术导向的科技创新战略是缩小我国与西方发达国家的技术差距的不二选择。目前，在产品相对过剩的经济背景下，企业采取以技术导向为主、兼顾消费者偏好的战略，生产出适销对路的产品就是一个不错的选择。2015 年习近平主席提出“在适度扩大总需求的同时，着力加强供给侧结构性改革，着力提高供给体系质量”，也就是说，供给侧结构性改革应该直连用户，技术导向和用户需求导向共同驱动科技创新。

表 2.6　2000—2014 年 31 省（市、区）客户协同创新数据

年份	2000	2001	2002	2003	2004	2005	2006	2007	2008	2009	2010	2011	2012	2013	2014
北京	1	0	0	0	1	1	0	0	0	0	0	0	0	0	0
天津	0	0	0	1	1	0	0	0	1	1	0	1	1	1	1
河北	0	0	0	0	1	1	1	0	0	0	1	0	0	0	0
山西	0	0	0	1	0	0	0	0	0	0	0	0	0	0	0
内蒙古	0	0	0	0	0	0	1	0	0	0	0	0	0	0	0
辽宁	0	0	0	0	0	0	0	0	1	1	1	1	1	1	1
吉林	0	0	0	1	0	0	0	0	1	1	1	1	1	1	1
黑龙江	0	0	0	0	0	0	0	0	0	0	0	0	0	0	0
上海	0	0	0	1	1	1	1	1	1	1	1	1	1	1	1
江苏	0	0	0	0	0	0	0	0	0	0	0	1	1	1	1
浙江	0	0	0	0	0	0	0	0	0	0	0	0	0	0	0
安徽	0	1	1	1	0	0	0	0	1	1	1	0	0	0	0
福建	0	0	1	0	0	0	0	0	0	0	0	0	0	0	0
江西	0	1	0	1	0	0	0	0	0	0	0	0	0	0	0
山东	0	1	0	0	0	0	1	1	1	1	1	1	1	1	1

续表

年份	2000	2001	2002	2003	2004	2005	2006	2007	2008	2009	2010	2011	2012	2013	2014
河南	0	0	0	0	0	0	1	0	1	1	1	0	0	0	0
湖北	0	0	0	0	0	0	0	0	0	0	0	0	0	0	0
湖南	0	0	1	0	0	0	0	0	0	0	0	0	0	0	0
广东	0	0	0	1	1	0	0	0	1	1	1	0	0	0	0
广西	1	0	1	1	0	0	1	0	0	0	0	1	1	1	1
海南	0	0	0	0	0	0	0	0	0	0	0	0	0	0	0
重庆	0	1	0	0	0	1	0	0	0	0	0	0	0	0	0
四川	0	0	0	0	1	0	0	0	0	0	0	1	1	1	1
贵州	0	0	1	0	0	0	1	0	0	0	0	0	0	0	0
云南	1	0	1	0	0	0	0	0	0	0	0	1	1	1	1
西藏	0	0	0	0	0	0	0	0	0	0	0	1	1	1	1
陕西	0	0	0	0	0	0	0	0	0	0	0	0	0	0	0
甘肃	0	0	0	0	0	0	0	0	0	0	0	0	0	0	0
青海	1	0	1	1	0	0	0	0	1	1	1	1	1	1	1
宁夏	0	0	0	0	1	0	0	0	0	0	0	0	0	0	0
新疆	0	0	0	1	1	0	0	0	0	0	0	0	0	0	0

（备注：省（市、区）开展了客户协同创新活动时，客户协同创新变量为1，省（市、区）没有开展客户协同创新活动时，客户协同创新变量为0）

第四节　我国科技创新效率现状

本书利用 Frontier4.1 软件对 2000—2014 年间 31 个省（市、自治区）科技创新活动的投入产出数据进行计算。如表 2.7 所示，全国整体科技创新效率呈现波浪上升趋势，浮动区间在

0.48—0.78之间。其中，全国整体科技创新效率从2000年开始提高，在2002年达到峰值后开始持续下行，并于2005年探底回升，并在2009年达到0.758后又开始持续下降直至0.549。2014年全国整体科技创新效率为0.549，2000年为0.505，2014年仅比2000年高出8.713%，全国整体科技创新效率整体处于中低水平，增长速度较慢，存在较大的提升空间。

表2.7　2000—2014年全国整体科技创新效率

年份	2000	2001	2002	2003	2004	2005	2006	2007	2008	2009	2010	2011	2012	2013	2014
全国整体	0.51	0.51	0.78	0.72	0.53	0.48	0.54	0.58	0.62	0.76	0.68	0.61	0.53	0.64	0.55

如表2.8、表2.9和表2.10所示，从2000—2014年31个省（市、自治区）的科技创新效率平均值来看，上海、江苏、浙江、山东、广东、北京的科技创新效率平均值大于0.8，天津、河北、辽宁、吉林、安徽、福建、河南、湖北、湖南、重庆、四川、山西、黑龙江、陕西、江西、广西的科技创新效率平均值大于0.6，贵州、云南、西藏、青海、宁夏、新疆、海南、内蒙古、甘肃的科技创新效率平均值小于0.6。总体上，科技创新效率呈现东部地区高、西部地区低、中部地区居中的地区差异性特征。科技创新活动与地方经济发展之间联系越来越紧密，科技创新在促进地方经济发展过程中的作用已初步显现。东部地区各省份科技创新效率从发散趋向收敛，这说明东部地区省份之间知识溢出明显。中部地区各省份科技创新效率先趋向收敛，后趋向发散，并且中部地区平均效率和东部地区平均效率趋向收敛，中部地区的追赶效应明显，这说明东部地区经验知识与隐性知识的溢出、以及中部地区向中部地区的政策制度或财政支出的“模仿”加速了新技

术的扩散与中部地区的承接与吸收，进而提高了中部地区的科技创新效率。西部地区科技创新效率趋于收敛、且略有下降，与东部、中部地区科技创新效率差距不断扩大，这说明随着我国市场经济体制逐步健全与完善，全国范围内的创新要素进行重新配置以后，由于东部、中部地区有更强的集聚和吸收能力，从而使得高效率创新要素流动到了东部、中部地区。

表 2.8　2000—2014 年我国东部地区省（市、自治区）科技创新效率

年份	2000	2001	2002	2003	2004	2005	2006	2007	2008	2009	2010	2011	2012	2013	2014
北京	0.81	0.79	0.86	0.85	0.78	0.84	0.80	0.83	0.91	0.90	0.90	0.84	0.87	0.93	0.88
上海	0.96	0.95	0.96	0.94	0.90	0.93	0.93	0.94	0.96	0.96	0.96	0.94	0.93	0.96	0.94
江苏	0.94	0.91	0.95	0.95	0.90	0.88	0.88	0.94	0.98	0.98	0.98	0.97	0.97	0.99	0.97
浙江	0.86	0.78	0.87	0.90	0.88	0.89	0.89	0.92	0.98	0.97	0.97	0.94	0.92	0.98	0.95
山东	0.90	0.88	0.93	0.94	0.89	0.90	0.89	0.93	0.97	0.97	0.98	0.96	0.97	0.98	0.97
广东	0.90	0.90	0.95	0.96	0.92	0.93	0.93	0.91	0.98	0.98	0.98	0.94	0.77	0.98	0.86
天津	0.54	0.60	0.95	0.94	0.59	0.37	0.59	0.73	0.96	0.95	0.96	0.79	0.42	0.95	0.53
河北	0.50	0.52	0.82	0.84	0.53	0.47	0.59	0.66	0.89	0.89	0.90	0.75	0.65	0.92	0.69
辽宁	0.62	0.69	0.90	0.91	0.70	0.59	0.71	0.75	0.93	0.93	0.92	0.81	0.73	0.92	0.81
福建	0.61	0.60	0.80	0.84	0.66	0.72	0.70	0.75	0.92	0.91	0.92	0.82	0.65	0.94	0.59
海南	0.21	0.24	0.59	0.11	0.28	0.17	0.15	0.06	0.15	0.11	0.09	0.09	0.11	0.12	0.12
东部地区	0.71	0.72	0.87	0.83	0.73	0.70	0.73	0.76	0.87	0.87	0.87	0.80	0.73	0.88	0.76

表 2.9　2000—2014 年我国中部地区省（市、自治区）科技创新效率

年份	2000	2001	2002	2003	2004	2005	2006	2007	2008	2009	2010	2011	2012	2013	2014
安徽	0.47	0.52	0.80	0.80	0.55	0.47	0.55	0.63	0.90	0.90	0.91	0.82	0.76	0.94	0.80
河南	0.53	0.51	0.82	0.86	0.56	0.56	0.65	0.72	0.93	0.94	0.94	0.79	0.51	0.95	0.69
湖北	0.62	0.61	0.87	0.89	0.59	0.52	0.58	0.72	0.93	0.93	0.94	0.82	0.68	0.95	0.78

续表

年份	2000	2001	2002	2003	2004	2005	2006	2007	2008	2009	2010	2011	2012	2013	2014
湖南	0.46	0.49	0.81	0.81	0.56	0.49	0.57	0.66	0.91	0.91	0.92	0.85	0.87	0.94	0.91
山西	0.36	0.35	0.73	0.74	0.42	0.40	0.52	0.59	0.89	0.88	0.87	0.64	0.43	0.84	0.44
吉林	0.54	0.59	0.80	0.76	0.44	0.49	0.62	0.65	0.85	0.88	0.88	0.75	0.70	0.84	0.60
黑龙江	0.45	0.42	0.77	0.83	0.44	0.40	0.50	0.59	0.89	0.89	0.89	0.65	0.29	0.87	0.33
江西	0.35	0.37	0.70	0.72	0.39	0.37	0.49	0.55	0.82	0.83	0.82	0.61	0.55	0.83	0.63
中部地区	0.47	0.48	0.79	0.80	0.49	0.46	0.56	0.64	0.89	0.90	0.90	0.74	0.60	0.90	0.65

表 2.10　2000—2014 年我国西部地区省（市、自治区）科技创新效率

年份	2000	2001	2002	2003	2004	2005	2006	2007	2008	2009	2010	2011	2012	2013	2014
重庆	0.57	0.53	0.73	0.75	0.54	0.58	0.59	0.68	0.87	0.86	0.86	0.77	0.75	0.87	0.83
四川	0.54	0.57	0.90	0.90	0.59	0.46	0.64	0.71	0.94	0.93	0.92	0.77	0.51	0.92	0.57
内蒙古	0.27	0.28	0.63	0.56	0.39	0.33	0.37	0.40	0.72	0.76	0.76	0.51	0.36	0.79	0.37
广西	0.49	0.44	0.71	0.68	0.43	0.39	0.43	0.51	0.79	0.83	0.83	0.65	0.53	0.83	0.55
贵州	0.30	0.28	0.65	0.56	0.32	0.25	0.32	0.33	0.52	0.61	0.60	0.34	0.29	0.69	0.31
云南	0.29	0.34	0.69	0.66	0.33	0.24	0.36	0.45	0.74	0.74	0.73	0.47	0.32	0.73	0.35
西藏	0.19	0.19	0.56	0.01	0.23	0.16	0.08	0.01	0.17	0.33	0.14	0.54	0.06	0.19	0.33
陕西	0.42	0.47	0.87	0.89	0.50	0.34	0.52	0.61	0.91	0.90	0.91	0.68	0.33	0.91	0.39
甘肃	0.30	0.31	0.72	0.71	0.34	0.26	0.37	0.43	0.74	0.74	0.72	0.43	0.37	0.69	0.41
青海	0.22	0.22	0.60	0.23	0.25	0.18	0.15	0.09	0.12	0.15	0.15	0.16	0.02	0.09	0.15
宁夏	0.24	0.23	0.59	0.26	0.26	0.19	0.17	0.16	0.27	0.37	0.20	0.02	0.15	0.12	0.09
新疆	0.25	0.28	0.66	0.45	0.29	0.19	0.21	0.25	0.35	0.61	0.58	0.31	0.24	0.47	0.28
西部地区	0.34	0.35	0.69	0.55	0.37	0.30	0.35	0.39	0.60	0.65	0.62	0.47	0.33	0.61	0.38

第三章

机理分析

第一节　政府研发资助对企业内部研发投入的影响机理

Frost et al.（2002）认为国家制度会在更加微观的层面上影响到企业层面的创新能力，同时决定着企业如何回应当地的政策激励并产出创新。Gray（2000）也在案例研究中指出不同国家背景中的创新主体在不同的政策引导下，可能会以不同的方式来利用同样的知识资源并开展创新。Luo et al.（2009）、Yiu 和 Lau（2008）的研究也表明新兴经济中的企业需要依赖各级政府的外部资源来避免制度障碍，并借此弥补它们追赶国际竞争对手时所缺乏的宝贵资源和能力。Phene et al.（2006）等指出企业 R&D 实践也会受到国家政策的影响，Hsu（2005）则明确指出政府常常利用不同的手段来直接或者间接地推进产业的创新实践，如税收激励、研发支出补贴、转让政府拥有的技术、设立非盈利性的研究机构、要求学术机构支持产业的研发活动等。基于企业行为理论的组织学习文献也认为企业的情境因素和其所处的环境会影响外部知识的搜索（Chen 和 Miller，2007），而政府对于企业创新的扶持政策无疑是企业所处环境的重要组成部分。

政府研发资助对企业内部研发投入的影响可以分为积极促进作用和消极抑制作用。政府研发资助的积极促进作用具体表现为：首先，政府对企业 R&D 项目的资助，承担了企业部分 R&D 费用，削减了企业 R&D 成本，从而促使企业能够投入更多研发资源开展 R&D 活动。特别是科技型中小企业，其虽然具备比较强劲的 R&D 实力，但是受限于 R&D 经费制约，其为了尽可能规避 R&D 风险，R&D 积极性比较低。其次，政府直接 R&D 资助缩小了企业从事 R&D 活动的私人收益和社会收益的差距，提高企业 R&D 投资的回报率，随着企业 R&D 投资的预期收益率提高，促使企业更加倾向于增加企业自身科技创新投入。再次，政府研发资助能够降低企业 R&D 的边际成本，促使企业倾向于风险低和周期短的项目，从而提高了企业的 R&D 效率，进而激励企业开展科技创新活动，增加企业科技创新投入。Koschatzky 和 Sternberg（2000）指出，区域差异性的 R&D 资金资助与税收减免能够提高区域内企业科技创新潜力，增强该区域未来对生产要素的吸引力，提高区域内企业的科技创新能力。除了政府研发资助可以直接降低企业 R&D 成本之外，政府对企业研发项目的资助有利于企业从外部获得融资。政府研发资助会给外部投资者传递一个信号，从而提升企业信誉度以及外部融资能力。政府对企业进行研发资助会产生“光环作用”，促使金融机构可以看到企业将来的发展前景和巨大的潜力，从而导致企业比较容易获得银行贷款，并且能够增加贷款数量，进一步解决企业融资难题，推进企业科技创新行为，增加企业内部研发投入。

另外，政府对企业 R&D 活动的资助有时也会对企业内部研发投入产生一些消极影响。例如，政府 R&D 资助的项目可能也是企业计划开展的 R&D 项目，因为政策的研发资助，企业会削减对这些项目的 R&D 投入。有时，政府研发资助可能提高科技创新资源价格，如 R&D 人员工资水平等，进而提高企业 R&D 成本。与此同时，因为政府对企业 R&D 活动的资助具有选择性，也就是说并非所有企业都能够获得政府资助，政府仅仅资助政府部门认为具备重要的社会影响力的 R&D 项目。政府 R&D 资助的选择性一定程度上会诱发企业寻租活动，将获得的政府 R&D 投入用来代替企业 R&D 投入，从而造成政府 R&D 资助对企业内部研发投入的挤出效应。政府研发资助对企业内部研发投入的影响机理如图 3. 1所示。

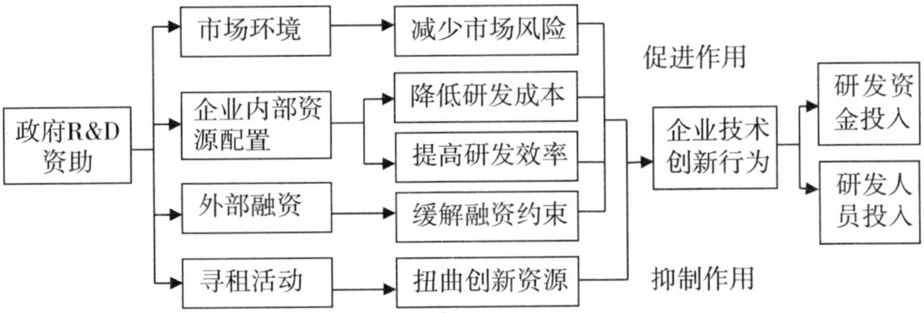

图 3. 1　政府研发资助对企业内部研发投入的影响机理

第二节 政府研发资助对开放式创新的影响机理

开放式创新已经成为我国国家科技创新体系的一个重要组成部分之一，因此，开放式创新需要得到政府部门的引导和支持。政府部门手中掌握着大量的资源，例如，纳税人的钱和政府政策等，政府部门作为国家的代表，其需要充分利用这些资源来引导、促进企业去强化自主创新和开放式创新，来提高我国整体的科技创新能力。政府部门一方面通过创造良好的制度环境，规范和扶持科技中介机构，引导知识和资本在开放式创新主体之间流动与合理配置；另一方面通过政策工具与计划指导，选择科技创新支持项目，促使开放式创新主体形成一体化组织。各国实践表明，为了提高一个国家的科技实力，推动开放式创新，仅仅依靠产、学、研机构自身的力量是远远不够的，其需要得到政府的政策和发展战略的扶持。

在美国、英国、德国等发达国家，开放式创新已经成为自然，再加上政府部门强有力的外部支持，企业进行战略性研发投入，从而使得企业能够在较好的外部环境和一定的保证条件下开展开放式创新活动。而我国作为一个发展中国家，开放式创新的合作环境相对欠缺，尤其是学研机构和企业的合作意识比较薄弱，科研机构和经济相分离，在计划经济向市场经济转变的过程中，要想产、学、研三方主体合作开展开放式创新，缺乏政府部门的引导和支持，开放式创新是很难推动的。在开放式创新过程中，虽然产、学、研三方主体目标和利益是根本一致的，都拥有合作创新的愿望，但是产、学、研三方主体各自的目标任务又不同，存在较大的差异。政府部门必须扶持企业开放式创新活动，在开放式创新过程中发挥宏观调控与组织领导的作用，使得产、学、研三方主体在社会效益和经济效益方面达成共识，实现三方价值目标方面的整合，最终实现积极、持续的合作创新。政府部门引导、支持企业开放式创新健康发展，这已经成为政府部门调控市场的一个重要途径。

开放式创新的建立过程主要包括合作伙伴选择、订立合作协议和监督协议执行等，这个过程存在着一定的交易成本。如果合作伙伴选择不当的话，不仅对合作构成影响，而且还会带来矛盾纠纷。合作伙伴确定之后，在订立合作协议环节，产、学、研三方主体需要在合作目标、研究任务分配、成果与权属的分配等问题进行洽谈。在协议执行环节可能会出现事前协议条约不完全和合作伙伴违约等问题，处理以上问题就会增加成本。并且，在开放式创新过程中，技术交易的信息不对称、不确定性和公共物品属性特征，也会导致开放式创新合约履行过程中出现机会主义行为。

科斯在 1937 年发表的《企业的性质》一文中认为，如果存在交易成本，制度制定是必需的。合作过程就是一个尝试降低交易成本制度安排的过程，且这种制度安排需要政府部门的合理规制。因此，在开放式创新的合理规制过程中，政府应该是有所作为的。自 20 世纪 80 年代，即使是美国、英国、德国等高度发达的市场经济国家，政府部门都承担着鼓励和引导开放式创新的角色。对于处于市场经济观念筹建阶段和市场经济体制不够完善的中国，开放式创新更需要政府部门发挥引导、组织、规范、协调和激励等作用。政府部门通过制定政策，促使开放式创新三方要素资源实现资源重组和优化配置，进而塑造出开放式创新的模式和机制。要素重组过程其实也是体制和机制改革、完善过程。政府部门需要为开放式创新系统制定配套的政策体系以及相应的制度支持，在开放式创新的战略规划和重大政策的制定，协调重大开放式创新项目等方面起到主导性作用，增加财政对技术研发的资金投入，提高科研经费的利用效率，切实改变产、学、研条块分割，R&D、中试、成果产业分离的现状，促使开放式创新主体形成自我发展能力和自动为经济发展服务活力。

政府是唯一具备规则制定能力的官方主体，在开放式创新及创新系统的构建和完善方面具备不可替代的作用，其作用主要体现在以下四个方面：一是强化政策引导，鼓励和支持应用研究从而形成需求向导，驱使高校和企业相结合。二是采用政府干预手段，引导资源向知识创新主体（高校和研究机构）流动。三是通过计划手段，采用科技投入的调控手段，引导学研机构的科技资源向技术创新主体（企业）流动，促使高校把更多的科技活动与企业的技术需求结合起来。四是通过政府支持科技中介机构积极参与开放式创新。

开放式创新是一项系统性工程，其涉及到经济、科技、教育、财政、计划、税收、金融和产学研三方的通力合作。政府的扶持对开放式创新具有很大的促进性作用，其不仅为开放式创新增加了资金、人才、技术、信息供给，而且促使开放式创新由以前的临时型、松散型、非正式型的合作转变为长期的、紧密的、正规的合作。政府研发资助对开放式创新的影响机理如图 3.2 所示。

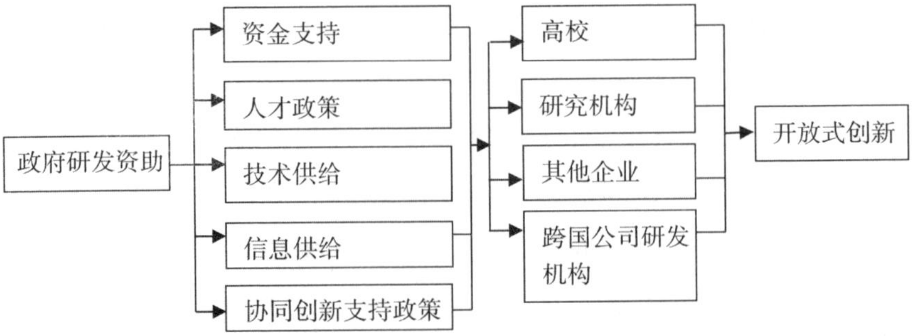

图 3.2 政府研发资助对开放式创新的影响机理

第三节 政府研发资助对企业科技创新效率的影响机理

近年来，在资源基础理论思想的指导下，企业资源和效率的关系一直是学者们理论研究的重要内容。虽然企业资源和效率之间的关系具备本质复杂性，但是现有研究成果基本上一致认同不同的资源与能力都有助于效率的提升。例如，Cooke（2002）进行实证分析后提出，英国和美国的政府干预行为促使剑桥和波士顿成为全世界生物产业技术领先区。Onsager 和 Aasen（2003）、Asheim 和 Coenen（2005）的实证结论为：挪威政府针对企业科技创新的资助政策极力地促进了本地区食品产业结构高级化。Buesaa et al.（2010）认为，欧盟支持企业科技创新的政策对提高企业科技创新能力具有非常重要的作用。国内很多学者对区域技术创新政策的实证分析也基本上得到类似的结果，如黄昱方（2013）、程华和赵祥（2008）等。政府对企业的研发活动进行资助，一是希望可以提高地区专利产出数量，促进地区技术进步，加快地区经济增长，改善科技创新资源利用效率；二是希望可以提高地区新产品产值及政府业绩水平。在以上两个目标的作用下，政府部门必然对研发资助企业施加制度压力，逼迫企业不断增加研发投资以及进行科技创新。政府研发资助影响企业技术创新效率的路径主要有：首先，政府研发资助有利于提高企业 R&D 能力和技术创新效率。政府部门对企业研发活动的资助使得受资助的企业有更加充裕的资源基础去寻求更好的、开展研发合作的外部技术力量，外部优质科技创新资源的引入，提高了企业科技创新能力以及新产品技术研发效率。其次，政府研发资助会激励企业主动申请更多的技术专利。一般来说，政府资助研发项目的考核体系中包含项目专利申请数，从某种意义上来讲，更多的专利说明项目在科技水平方面的成功。与此同时，企业拥有的专利量越多，其在以后的政府资助申请中具有相当的先发优势。政府研发资助对企业科技创新效率的影响机理如图 3.3 所示。

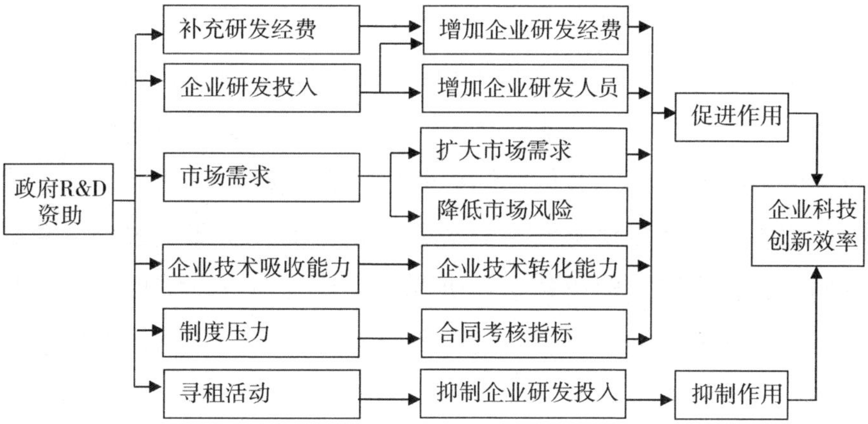

图 3.3 政府研发资助对企业科技创新效率的影响机理

第四节 客户协同创新对企业科技创新效率的影响机理

为了满足客户的需求，提高产品创新和技术创新的效果及效率，企业需要把产品创新和技术创新活动延伸到外部，把外部的创意和资源融入到企业的产品创新和技术创新活动之中。企业与外部组织协同产品创新有助于提高产品创新能力，实现知识和能力的互补，分散科技创新风险，降低科技创新成本，缩短科技创新周期以及新产品融入市场的时间。在这个背景下，企业科技创新从传统的封闭式创新转向开放式创新和客户协同创新（VON HIPPEL E，2005）。协同产品创新是创新主体为了实现共同的目标，利用能力和资源等的不对称性，充分发挥互补优势，相互协同开发或设计创新产品。协同产品创新改变了以前企业单独开发产品与独立参与市场竞争的一种方式，从而在更广大的范围内寻找合作伙伴，实现优势资源互补和资源配置效率的提升（B Y K ZKAN G 和 ARSENYAN J，2012）。客户协同创新是指在项目开发过程中，客户以其独有信息知识和创新技能参与到项目决策阶段中，通过多种网络化协同工作平台、创新工具及知识融合，与项目团队进行交流、资源共享、协调等互动行为，以实现产品或服务创新成功的目的。也就是说，我们把更多的客户元素带进了研发和创新流程里面。客户在参与协同创新的过程中，在创意构思阶段，会根据自己以前使用产品的体验，结合自身的特征，对产品的性能的一些感性认识，在脑海中产生一些模糊的观念或想法；在创意实现阶段，客户的创新思想通过企业设计人员与客户的协同参与、孕育逐渐清晰、成熟。在这个过程中，企业产品设计人员运用自己的专业设计知识，指引客户创意朝正确方向发展，对创意的可行性进行评价，通过与客户协同创新，深入了解客户需求，在产品规划设计中体现用户需求。客户表达自己对产品的感知，讲出产品设计方案，促使知识传播，在此过程中，企业产品设计人员逐渐融入到产品设计过程（王静等，2009）。在客户协同创新实践方面，Dell、American Online、海尔、Google 等公司通过采用交互模式和激励机制吸引市场目标客户加入到企业产品创意、功能设计、测试评价、产品改进等创新阶段，对客户隐性和显性知识的挖掘、吸收、整合和应用，获得了很好的创新绩效。客户协同创新打破了专业研发人员和客户相隔离进行科技创新的局面，是一种能够充分发挥客户潜力的新型创新模式，这种创新模式能够将客户创造力和知识当作宝贵的外部创新资源，选用网络化协同环境、知识融合手段和创新设计工具，是专业设计人员和客户联合进行产品创新，能够更高程度地发挥专业研发人员和客户的组织创新优势，是以客户为中心的理念的进一步延伸（杨育等，2008）。传统的产品创新模式只是把客户当作需求的提供者，对客户的需求进行全面的识别（recognize）、分析（analyze）、映射（project）、转换（transform）。只不过，这种产品创新模式需要投入大量的资源，处理过程会出现偏差与缺失（ALTUN K et al.，2013）。以客户为中心的创新模式强调把客户导入到产品创新的具体过程，从而发挥客户在产品创新方面的知识、能力、信息等的价值和作用（KRISTENSSON P，2011）。因此，客户协同创新能够降低产品创新的不确定性、提高客户对产品的满意度和创新绩效（JEPPESEN L B 和 MOLIN M J，2003）。Hippel（2002）调查研究了美国企业创新活动后指出，超过一半的科技创新产生于客户和制造商的结合部分，客户协同创新能够有效地实现企业价值网络增值，并提出了客户创新和领先用户的概念。LI LIEN G L et al.（2002）对美国明尼苏达矿业及机器制造公司的传统客户创意的产生过程和领先用户的创新过程进行了对比分析，并采用实际销售额数据证明客户协同创新带来了显著效益。正是因为企业协同客户产品创新存在正向促进作用，从而使得客户协同创新已经成为新型的产品创新方式，且得到了企业界广泛的应用。例如，外科手术设备创新产品，261 个德国普通临床工作的外科医生参与协同创新，参与客户比例为 22%（L THJE C，2003）；阿帕奇的 OS 服务器软件消费品创新产品，131 个技术精良的阿帕奇客户参与协同创新，参与客户比例为 19.1%（FRANKE N 和 HIPPEL E V，2003）；户外消费者创新产品，153 个户外活动产品的邮购目录接收者参与协同创新，参与客户比例为 9.8%（L THJE C，2004）；极限运动装备创新产品，197 个来自于 4 项极限运动的专业运动俱乐部成员参与协同创新，参与客户比例为 37.8%（FRANKE N 和 SHAH S，2003）；山地车装备创新产品，291 个同地区的山地车手参与协同创新，参与客户比例为 19.2%（LUTHJE C 和 HERSTATT C，2002）。2008 年 GE 中国研发中心启动了“在中国为中国”项目，专门研发针对中国市场的新产品、新技术和新的解决方案。客户协同创新对企业科技创新效率的影响机理如图 3.4 所示。

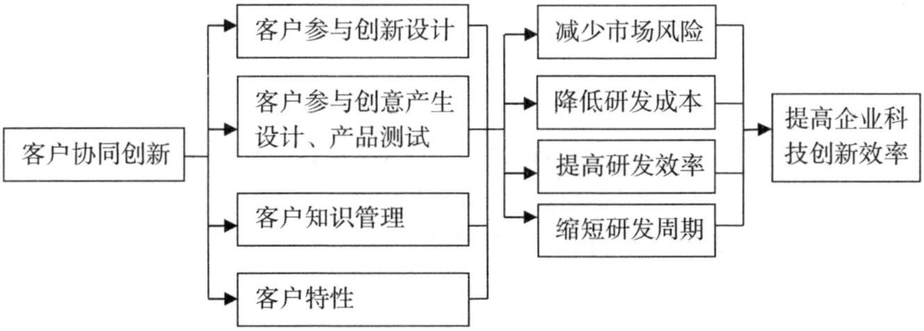

图 3.4　客户协同创新对企业科技创新效率的影响机理

第四章

企业外部创新网络对科技创新效率影响的随机前沿分析

第一节　研究方法的选择

自从“效率”概念提出来之后，很多学者进行了大量的与“效率”相关的理论研究以及在各个领域的实证分析。并且实证分析集中采用各种效率分析方法，研究不同领域的技术效率、规模效益、经济效率、纯技术效率等。目前，关于效率方面选择的研究方法主要集中于DEA模型和SFA模型，例如吴瑛和杨宏进（2006）采用DEA模型对我国1995—2004年高技术产业科技资源的配置效率进行了测算，白俊红等（2009）运用DEA-Tobit两部法研究了中国省（市、区）科技创新效率的环境影响因素，朱有为和徐康宁（2006）和岳书敬（2008）分别采用SFA方法测算了我国高技术产业R&D效率和长三角地区的高技术产业科技创新效率。马君潞、陈科等（2008）运用SFA方法，利用亚洲新兴市场经济体银行并购数据，分析了并购行为对银行利润效率和成本效率的影响。林坦、王玲（2008）构建了 C－D 生产函数，运用 SFA 方法测算了我国 27 个省（市、区）2003—2006 年的物流生产效率。艾翅翔（2011）运用 DEA 方法对我国 15 家财产保险公司的责任保险经营效率进行了估计。本书的研究将采用 SFA 方法研究政府研发资助、企业外部研发支出、客户协同创新和科技创新效率之间的关系，这是因为 SFA 方法将实际产出具体分为技术无效率、随机因素和生产函数，考虑了随机因素对实际产出的影响，而 DEA 把实际产出具体分为技术非效率和生产前沿，把实际产出水平低于前沿产出的具体原因都归结于技术非效率，没有考虑随机因素对实际产出的影响（李双杰和范超，2009）。

第二节　随机前沿生产模型

正如我们前面提到的，本研究的主要目的是观察企业外部创新网络中的政府部门、其他创新企业、高校、研究机构、协同创新客户等主体是如何影响科技创新效率的。对于这个实证分析，我们使用随机前沿生产模型，它之所以被经常使用，是因为它可以识别各个省（市、区）技术非效率水平。为了检查和比较各种因素对科技创新效率的影响，我们考虑八种因素：企业规模、竞争程度、企业经营绩效、所有制结构、企业研发外部支出、政府研发资助、企业内部研发投入和客户协同创新等。紧接在后面，我们将先解释随机前沿生产模型，然后构建企业外部创新网络对我国技术创新效率影响的随机前沿分析模型。

图4.1显示了随机前沿生产模型和技术非效率。在这个图中，u为技术非效率项，v为随机误差项。企业可以实现的最有效水平集被视为生产前沿。当企业是技术有效率时，企业观察到的产出水平位于生产前沿线上。在这个图中，A企业被认为是有效率的企业。然而，因为B企业位于生产边界以下，这家企业被认为是技术非效率的。

在这项研究中，我们假设一个有二个投入变量的生产函数，其中，Q为观察的生产水平，K为企业资本投入，L为企业劳动投入，企业的生产函数表现为方程（1）。函数f（L，K）是生产前沿，因此Eq（1）表明所观察到的生产水平等同于生产前沿。

$$Q = f(L, K) \tag{1}$$

在另一方面，当一个企业所观察到的产出水平由于随机误差项v和技术非效率项u而低于生产前沿的水平。因此，该企业的生产函数显示为Eq（2）。

$$Q = f(L, K) + v - u \quad (2)$$

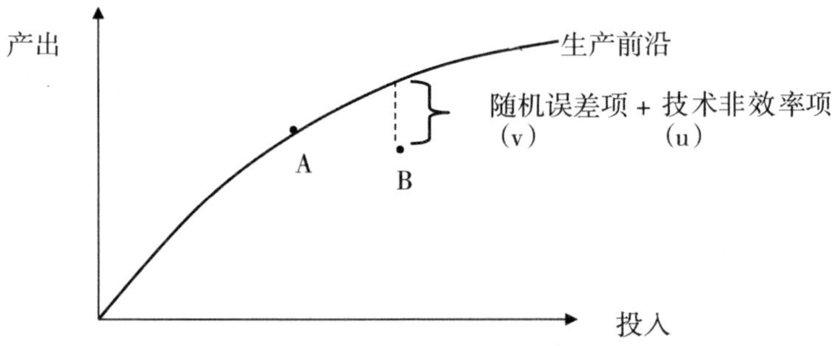

图4.1　随机生产前沿、随机误差项和技术非效率项

在这里，随机误差项v是与u不相关、独立同分布的随机变量，且 $v \sim N\ (0,\ \sigma^2)$。技术非效率项 u 被假设为 Eq（3）及 Eq（4），这里介绍的模型由 Reifschneider 和 Stevenson（1991）、Caudill 和 Ford（1993）、Caudill et al.（1995）和 Hadri（1999）等提出。

$$u \sim N^+\ (0,\ \sigma_u^2) \tag{3}$$

$$\sigma_u^2 = \exp\ (\gamma' z) \tag{4}$$

在这里，技术非效率项服从半正态分布，即 u 服从 $N^+\ (0,\ \sigma_u^2)$，且方差具有异方差性，因为它的变化取决于因子 Z，Z 是影响技术非效率的向量，ɣ 是 Z 的参数向量。利用这一模型，我们可以直接解释 ɣ 的价值是衡量 Z 对技术非效率的影响，我们假定 $\gamma = \partial\ \ln\ (u)\ /\partial\ z$，$u = \exp\ (z,\ \gamma)$。在这个研究中，Eqs（2－4）同时采用最大似然估计方法进行估计。

接下来，我们将解释技术非效率的影响因素，此后指定为 Z。其中 Z 包括企业规模、竞争程度、企业经营绩效、所有制结构、企业外部研发支出、政府研发资助、企业内部研发投入和客户协同创新等因素。

因此，考虑到以上讨论，我们指定我们的基本模型如下方程组：

$$\begin{aligned} & Q = f(K,L) + v - u \\ & u \sim N^+(0,\sigma_u^2) \\ & \sigma_u^2 = \exp(\gamma' z) \\ & \gamma' z = g(QYGM, JDCD, JYJX, SYZ, QYWB, ZFZZ, QYNB, CCI) \end{aligned} \tag{5}$$

在这里，Q 为创新产出水平，K 为研发资本投入，L 为研发人员投入，v 为随机误差项，u 为技术非效率项，$QYGM$ 为企业规模，*JZCD* 为竞争程度，*JYJX* 为企业经营绩效，*SYZ* 为所有制结构，QYWB 为企业外部研发支出，*ZFZZ* 为政府研发资助，*QYNB* 为企业内部研发投入，*CCI* 为客户协同创新。

Cobb—Douglas 随机前沿生产模型经常被用于科技创新方面的研究。利用 Cobb—Douglas 随机前沿生产模型和超对数生产函数形式，我们可以得到式（6）

$$LnQ_{it} = \alpha_0 + \alpha_1 LnK_{it} + \alpha_2 LnL_{it} + \alpha_3 Ln\ (K_{it})^2 + \alpha_4 Ln\ (L_{it})^2 + \alpha_5 LnK_{it} LnL_{it} + v_{it} - u_{it} \tag{6}$$

其中，Q_{it}为 i 省（市、区）t 期的创新产出，K_{it}为 i 省（市、区）t 期的研发资本投入，L_{it}为 i 省（市、区）t 期的研发人员投入。

与式（3）中技术非效率有关的随机变量的经验表述如下式（7）所示

$$u_{it} = \beta_0 QYGM_{it} + \beta_1 JZCD_{it} + \beta_2 JYJX_{it} + \beta_3 SYZ_{it} + \beta_5 QYWB_{it} + \beta_6 ZFZZ + \beta_7 QYNB + \beta_8 CCI_{it} + \varepsilon_{it} \tag{7}$$

其中，$QYGM_{it}$为 i 省（市、区）t 期的企业规模，$JZCD_{it}$为 i 省（市、区）t 期的竞争程度，$JYJX_{it}$为 i 省（市、区）t 期的企业经营绩效，SYZ_{it}为 i 省（市、区）t 期的所有制结构，$QYWB_{it}$为 i 省（市、区）t 期的企业外部研发支出，$ZFZZ_{it}$为 i 省（市、区）t 期的政府研发资助，$QYNB_{it}$为 i 省（市、区）t 期的企业内部研发投入，CCI_{it}为 i 省（市、区）t 期的客户协同创新。

第三节　变量说明及数据来源

创新产出变量选择省（市、区）规上工业企业新产品销售收入来衡量。本书之所以选取新产品销售收入指标而不选取技术价值高的专利指标，这是因为新产品销售收入指标相对于专利指标更能反映科技创新成果转化水平与最终经济价值（周任远，2015）。研发资本投入选择采用永续盘存法折算出来的省（市、区）R&D 经费内部支出研发资本存量来衡量，折旧率为 10%。研发人员投入选择省（市、区）研究与试验发展全时人员当量来衡量。技术非效率因素包括企业规模、竞争程度、企业经营绩效、所有制结构、企业外部研发支出、政府研发资助、企业内部研发投入、客户协同创新等效率因子。其中，企业规模变量选择省（市、区）大中型工业企业工业总产值除以该地区大中型工业企业数量来衡量；竞争程度指标选择省（市、区）大中型工业企业总产值占规模以上工业企业总产值的比重来衡量；企业经营绩效选择省（市、区）大中型工业企业的成本费用利润率来衡量；所有制结构指标选择省（市、区）国有控股企业工业总产值占地区规模以上工业企业总产值比重来衡量；企业外部研发支出选择省（市、区）R&D 经费外部支出金额来衡量；政府研发资助选择省（市、区）R&D 经费内部支出中政府资金金额来衡量；企业内部研发投入选择省（市、区）R&D 经费内部支出中企业资金金额来衡量。客户协同创新为虚拟变量，如果省（市、区）新产品产值小于新产品销售收入，这说明新产品供不应求，新产品价格上升，从而导致企业销售收入大于产值，则定义该省（市、区）开展了客户协同创新活动。令客户协同创新为1，如果省（市、区）新产品产值大于新产品销售收入，这说明新产品供过于求，新产品价格下降，从而导致企业销售收入小于产值，则定义该省（市、区）没有开展客户协同创新活动，令客户协同创新为0。数据来源于2001—2015年的《中国统计年鉴》《中国科技统计年鉴》《工业企业科技活动统计资料》和《中国工业经济统计年鉴》。

表4.1　2014年31个省（市、区）经济变量统计描述

变量	平均值	中位数	最大值	最小值	标准差
创新产出（亿元）	4609.601	2711.296	23540.93	2.345380	6077.190
研发资本投入（亿元）	1791.253	1316.232	6807.809	10.45609	1984.853
研发人员投入（万人年）	11.96961	9.713840	50.68618	0.126240	13.11055
企业规模（亿元）	3.320453	3.127872	5.365346	1.207642	0.990082
竞争程度	0.347632	0.347176	0.548693	0.234693	0.074221
企业经营绩效（%）	6.585806	6.540000	11.090000	1.440000	2.022345
所有制结构	0.260937	0.232097	0.567117	0.076815	0.133799
企业外部研发支出（亿元）	14.78019	9.919900	59.91850	0.080800	16.17700
政府研发资助（亿元）	85.03485	45.49737	700.0675	1.983370	132.1391
企业内部研发投入（亿元）	316.6616	173.5805	1445.724	0.313500	390.5210
客户协同创新	0.354839	0.000000	1.000000	0.000000	0.486373

为了分析企业外部创新网络对我国科技创新效率影响的地区性差异，选用国家统计局东、中、西三大经济地带的划分方法对31个省（市、区）进行分组，我们确定了三个地区组群。第Ⅰ类地区为东部地区，包括天津、北京、辽宁、河北、江苏、上海、

福建、浙江、广东、山东和海南（共 11 个）；第Ⅱ类地区为中部地区，包括吉林、山西、安徽、黑龙江、河南、江西、湖南和湖北（共 8 个）；第Ⅲ类地区为西部地区，包括广西、内蒙古、四川、重庆、云南、贵州、陕西、西藏、青海、甘肃、新疆和宁夏（共 12 个）。

第四节　实证结果及其分析

本书选用 Frontier4.1 软件，采用 SFA 分析方法，建立两个计量模型来考察研究企业外部创新网络对我国科技创新效率的影响。LR 统计量服从卡方分布，自由度为受约束变量个数。在表 4.2、4.3 随机前沿分析模型中，受约束变量个数均为分别为 14 和 12。也就是说表 4.2、4.3 中 LR 统计量服从自由度为 14 和 12 的卡方分布。查卡方分布表（自由度为 14 和 12），显著性水平 10% 的临界值分别为 18.5495 和 21.0642，显著性水平 5% 的临界值分别为 21.0261 和 23.6848，显著性水平 1% 的临界值分别为 26.2170 和 29.1413。由于软件算出来的 Function 1、Function 2 的 LR 值都大于显著性水平 1% 的临界值，所以均在 1% 水平上统计显著，这说明随机误差项与技术非效率因子项显著存在，此生产函数需要考虑技术非效率因素，而且运用 SFA 方法从企业外部创新网络的视角研究政府研发资助、企业外部研发支出、客户协同创新对科技创新效率的影响是合适的。

从表 4.2 数据可以看出，从全国整体来看，政府研发资助的估计系数为 0.0042，t 值为 3.5117，在 1% 水平上统计显著，东部地区，政府研发资助的估计系数为 0.0032，t 值为 3.4038，在 1% 水平上统计显著，中部地区，政府研发资助的估计系数为 0.0360，t 值为 2.4713，在 5% 水平上统计显著，西部地区，政府研发资助的估计系数为 0.0285，t 值为 2.8767，在 5% 水平上统计显著，这说明无论是全国整体，还是东部地区、中部地区和西部地区，政府研发资助对科技创新效率均存在负向影响，存在一定程度的“政府失灵”。一般来说，政府研发资助能够弥补企业科技创新资金的短缺短板，降低企业 R&D 成本，增强企业抵御风险的能力，为企业开展科技创新注入动力和提高企业创新的积极性，有利于企业更加有效地、更专注地开展科技创新活动。但是这种常识却没有从实证分析的结果得到支持，这说明我国政府研发资助低效率。

之所以政府研发资助低效率，这是因为：

1. 政府部门远期科技创新偏好。政府部门通常会鼓励企业从事一些在将来一段时间内具有战略性与经济价值的科技创新活动，这直接导致政府支持企业在应用前景广阔的战略性新兴技术进行投入。政府部门的这种偏好一方面与企业的短期利益存在冲突，导致企业不能直接带来 R&D 产出效率的提高，另一方面导致企业研发资金耗散，降低了企业研发资金平均产出率，从而使得科技创新效率下降。

2. 企业寻租行为。企业作为独立的法人，其行为以自身效用最大化为原则，而政府是生产和分配公共产品的部门，其行为目标是追求全国整体的稳定与发展，这样差异就形成了政府部门不同于企业的行为准则。另外，政府部门很少亲临企业生产管理一线，对企业生产经营状况的情况信息掌握相对不足，在信息甄别机制相对缺失的情境下，企业可能铤而走险采取对企业有利而损害政府利益的行为，例如选择释放虚假的科技创新信号来骗取政府研发资助，从而严重削弱了政府研发资助的激励效应。政府腐败和企业寻租行为使得一部分创新资源用于非生产性寻租活动。由于政府研发资助监管不到位，有些企业铤而走险，选择对自身技术水平进行包装，向政府部门申请项目经费支持，获得研发资助的企业并没有将政府资助研发资金投入到科技创新活动当中，而是直接用于机器、设备、厂房方面的投资建设。

3. 政府部门的过度干预。凯恩斯的政府干预经济理论挽救了1929—1933 年的资本主义世界的经济大危机，也为政府干预经济的政策行为提供了理论指导。只不过，如果政府部门不遵循科技创新自身的内在规律，对企业的科技创新活动进行过度干预，就会损害自由竞争的市场环境，使得企业不能全身心地投入到科技创新活动当中，不能专心致志地从事科技创新经验的积累和科技创新活动组织方式的创新。另外，由于政府对经济活动的干预与管制导致企业为了获得政府研发资助，向政府部门进行寻租。在寻租行为状态下，企业把大量的资源（人、财、物等）用于争取政府的研发资助上，这些活动造成了社会科技创新资源的浪费。

从全国整体来看，QYWB 的估计系数为 -0.0052，t 值为 -2.3196，在 5% 水平上统计显著，这说明企业外部研发支出对我国科技创新效率存在正向作用，这也证实了企业开展开放式科技创新活动具有重要意义。从分组回归结果来看，企业外部研发支出对东部地区科技创新效率存在正向影响，对中部地区和西部地区科技创新效率不存在显著性影响。

无论是全国整体，还是东部地区、中部地区和西部地区，客户协同创新对科技创新效率均不存在显著性影响。这是因为，客户协同创新，存在诸如我国企业对客户协同创新的重视程度不够，客户协同创新平台缺乏，合适的协同创新客户选择、任务分解和分配难度大，信息和知识共享、交互复杂度高等问题。

表 4.2 企业外部创新网络对我国科技创新效率影响的随机前沿分析结果

变量 logQ	全国整体	东部地区	中部地区	西部地区
Function 1				
常数项	3. 3648 (4. 7050)***	4. 7908 (6. 2060)***	3. 1267 (2. 9103)***	3. 6303 (5. 6156)***
logK	-571. 9425 (-639. 1176)***	2955. 6290 (3302. 2232)***	168. 3366 (187. 9415)***	-2074. 0204 (-2317. 4128)***
logL	340. 5147 (380. 5286)***	4354. 4739 (4865. 2750)***	-706. 4157 (-780. 0625)***	1613. 5980 (1802. 0904)***
logK * logL	-0. 0670 (-3. 9051)***	0. 0054 (0. 2649)	0. 0391 (0. 3612)	-0. 1197 (-3. 2338)***
log (K * K)	286. 3071 (633. 9605)***	-1477. 6170 (-3268. 2818)***	-83. 8980 (-184. 1492)***	1037. 2674 (2296. 7324)***
log (L * L)	-169. 9081 (-377. 0573)***	-2177. 0522 (-4817. 9767)***	353. 3446 (650. 3187)***	-806. 2468 (-1772. 5079)***
Function 2				
QYGM	-0. 0204 (-0. 9770)	0. 0519 (1. 495)	-0. 0124 (-0. 4234)	-0. 0353 (-0. 8403)
JZCD	1. 2356 (2. 4469)**	0. 8644 (1. 2224)	2. 6898 (2. 9825)***	2. 1863 (3. 3158)***
JYJX	0. 0435 (4. 1119)***	0. 0205 (0. 4589)	0. 0321 (2. 5185)**	0. 0409 (2. 1395) * *
SYZ	1. 3438 (2. 9802)***	1. 0466 (1. 0038)	-3. 2876 (-2. 1746)**	0. 3135 (0. 4555)

续表

变量 / logQ	全国整体	东部地区	中部地区	西部地区
QYWB	-0.0552 (-2.3196)**	-0.0717 (-2.9076)***	-0.0038 (-0.1195)	-0.0036 (-0.0496)
ZFZZ	0.0042 (3.5117)***	0.0032 (3.4038)***	0.0360 (2.4713)**	0.0285 (2.8767)***
QYNB	-0.0024 (-1.9095)*	-0.0454 (-2.7473)***	-0.0151 (-1.6854)*	-0.0010 (-0.7524)
CCI	-0.0011 (-1.1208)	-0.0013 (-1.2137)	-0.0015 (-1.0093)	-0.0018 (-0.9095)
sigma-squared	0.8168 (6.8823)***	0.5405 (4.7627)***	0.4240 (6.3405)***	0.9658 (8.7864)***
Gamma	0.5254 (3.3305)***	0.5601 (4.7852)***	0.2850 (1.5352)	0.6124 (6.9509)***
Log 值	-547.38226	-147.69595	-108.78406	-222.68011
LR 检验	115.84421	162.870431	124.804698	138.329367

注：括号内为 t 统计值，*、**、***分别表示在 10%、5% 和 1% 的水平上显著。

表 4.3　企业外部创新网络对我国科技创新效率影响的随机前沿分析结果

变量 / logQ	全国整体	东部地区	中部地区	西部地区
Function 1				
常数项	4.2827 (10.0737)***	5.3900 (6.3901)***	5.8968 (5.0943)***	3.5335 (5.6159)***
logK	-571.9004 (-638.0252)***	-471.7210 (-526.9911)***	184.0189 (1.2208)	-2074.0084 (-2317.5524)***
logL	340.4952 (380.5060)***	-1156.3023 (-1291.8186)***	-693.4315 (-5.5011)***	1613.5740 (1802.0293)***
logK * logL	-0.0436 (-2.8094)***	0.0132 (0.6560)	0.1669 (1.3844)	-0.1508 (-4.8207)***

续表

变量 / logQ	全国整体	东部地区	中部地区	西部地区
log（K * K）	286.1784 (635.1155)***	236.0035 (521.2489)***	-91.9206 (-1.2197)	1037.2917 (2299.4835)***
log（L * L）	-169.8747 (-378.1703)***	578.3405 (1218.2917)***	346.3772 (5.4877)***	-806.2918 (-1772.1929)***
Function 2				
QYGM	-0.0598 (-2.0468)**	0.0705 (1.8382)*	-0.0143 (-0.3429)	-0.0229 (-0.5182)
JZCD	0.7185 (1.4265)	0.7547 (0.9625)	4.0577 (3.7655)***	2.5988 (3.6905)***
JYJX	0.0504 (5.4191)***	-0.0120 (-0.2342)	0.0280 (1.9668)*	0.0518 (2.7421)***
SYZ	2.4242 (4.3852)***	3.8028 (3.2835)***	-1.4582 (-1.0167)	-0.1419 (-0.1746)
QYWB	-0.1065 (-2.9600)***	-0.1098 (-3.1705)***	0.0460 (1.3602)	0.0025 (0.0322)
QYNB	-0.0017 (-1.5345)	0.0006 (0.5433)	-0.0156 (-2.1955)**	-0.0410 (-4.2678)***
sigma - squared	1.2522 (7.6073)***	0.6145 (5.1486)***	0.6685 (3.5366)***	1.2549 (6.8725)***
Gamma	0.7881 (18.8858)***	0.6268 (4.8476)***	0.7959 (7.6797)***	0.7306 (8.0881)***
Log 值	-551.92251	-153.26156	-110.23729	-228.49789
LR 检验	106.76371	148.020324	121.898234	126.693809

注：括号内为 t 统计值，*、**、***分别表示在 10%、5%和 1%的水平上显著。

对比表 4.2 和表 4.3 的数据，我们可以看出，从全国整体来看，政府研发资助对企业内部研发投入存在诱导效应，政府研发资助对企业外部研发支出存在挤出效应。从分组回归结果来看，东部地区，政府研发资助对企业内部研发投入存在诱导效应，政府研发资助对企业外部研发支出存在挤出效应；中部地区，政府研发资助对企业内部研发投入存在挤出效应，政府研发资助对企业外部研发支出存在诱导效应；西部地区，政府研发资助对企业内部研发投入存在挤出效应，政府研发资助对企业外部研发支出存在诱导效应。

第五章

政府研发资助对企业内部研发投入、企业外部研发支出及其三个细分维度影响的脉冲响应分析

第一节　全国整体政府研发资助对企业内部研发投入、企业外部研发支出及其三个细分维度影响的脉冲响应分析

一、单位根检验

这里，我们采用 Eviews4.0 软件对全国整体政府研发资助、企业内部研发投入、企业外部研发支出、本土企业与跨国公司合作创新、本土企业间合作研发、产学研协同创新变量数据的平稳性进行 ADF 检验，具体检验结果如表 5.1 所示。从表 5.1 可以看出，政府研发投入、企业内部研发投入、企业外部研发支出、本土企业与跨国公司合作创新、本土企业间合作研发、产学研协同创新变量的 ADF 检验值大于 5% 水平的临界值，接受原假设，变量序列是不平稳序列，而政府研发投入、企业内部研发投入、企

业外部研发支出、本土企业与跨国公司合作创新、本土企业间合作研发、产学研协同创新序列一阶差分的 ADF 检验值小于 5% 水平的临界值，拒绝原假设。因此，以上变量序列是一阶单整时间序列，记为 I（1），这使得两序列之间存在协整关系存在可能。因此，符合进行向量自回归模型分析的条件（注意：本土企业与跨国公司合作创新选择 R&D 经费外部支出中对境外 R&D 支出金额来衡量；本土企业间合作研发选择 R&D 经费外部支出中对其他企业支出 R&D 支出金额来衡量；产学研协同创新选择 R&D 经费外部支出中对高校和科研机构 R&D 支出金额来衡量）。

表 5.1 各变量的 ADF 单位根检验结果

变量	检验类型（C，T，L）	ADF 检验值	10% 的临界值	结论
ZFZZ	（C，T，1）	-1.276127	-2.7042	非平稳
QYNB	（C，T，1）	-1.556459	-2.7042	非平稳
QYWB	（C，T，1）	-0.874420	-2.7042	非平稳
KGGS	（C，T，1）	-1.343650	-2.7042	非平稳
QYHZ	（C，T，1）	-1.761311	-2.7042	非平稳
CXYXT	（C，T，1）	-1.026655	-2.7042	非平稳
ΔZFZZ	（C，T，1）	-2.805576	-2.7180	平稳
ΔQYNB	（C，T，1）	-2.836373	-2.7180	平稳
ΔQYWB	（C，T，1）	-3.035481	-2.7180	平稳
ΔKGGS	（C，T，1）	-2.740396	-2.7180	平稳
ΔQYHZ	（C，T，1）	-2.781462	-2.7180	平稳
ΔCXYXT	（C，T，1）	-3.507512	-2.7180	平稳

二、脉冲响应分析

（1）全国整体政府研发资助对企业内部研发投入的脉冲响应分析

从图5.1可以看出，企业内部研发投入在受到政府研发资助当期一个标准差的冲击后，第一年影响开始下降，第三年影响达到最低水平（约为600），随后逐月上升并在第四年至第十年政府研发资助对企业内部研发投入的影响处于一个相对稳定的水平，这说明政府研发资助对企业内部研发投入存在短期为正向、长期亦为正向的影响。

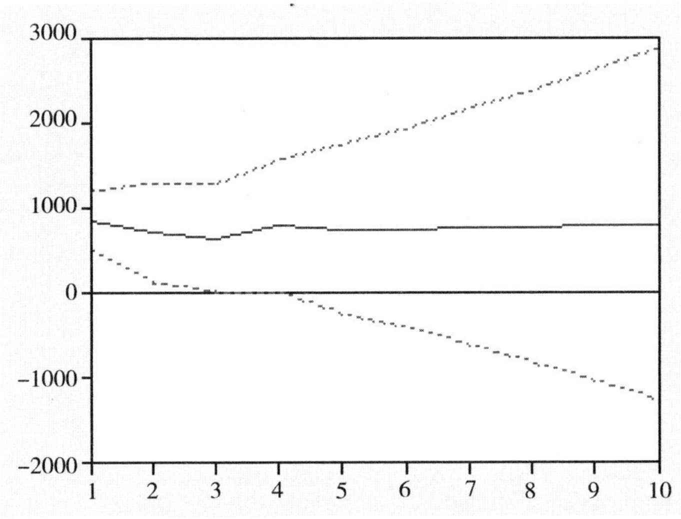

图5.1 全国整体政府研发资助对企业内部研发投入影响的脉冲响应图

（2）全国整体政府研发资助对企业外部研发支出的脉冲响应分析

从图5.2可以看出，企业外部研发支出在受到政府研发资助当期一个标准差的冲击后，第一年影响基本为零，随后逐渐下降第二年影响达到最低水平（约为 -10），随后逐年上升，实现由正转负，并在第三年影响达到最高水平（约为13），然后逐年缓慢下降，这说明政府研发资助对企业外部研发支出存在短期为负、长期为正的差异性影响。

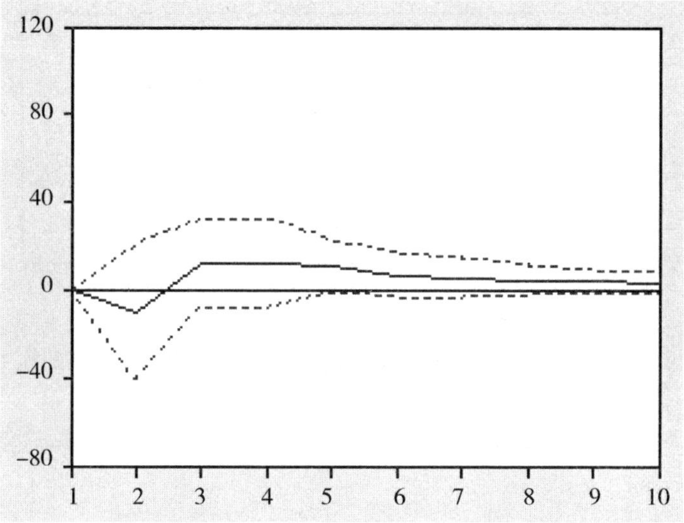

图 5.2 全国整体政府研发资助对企业外部研发支出影响的脉冲响应图

（3）全国整体政府研发资助对本土企业与跨国公司合作创新、产学研协同创新、本土企业间合作研发的脉冲响应分析

从图 5.3 可以看出，本土企业与跨国公司合作创新在受到政府研发资助当期一个标准差的冲击后，第一年影响处于最低水平（约为 -23），随后逐渐上升第三年影响基本为零，第四年影响达到最高水平（约为 6），随后逐年下降，第七年影响约为 -2，随后又逐渐上升，到第十年影响基本为零，这说明政府研发资助对本土企业与跨国公司合作创新存在短期为负、长期为零的差异性

影响。

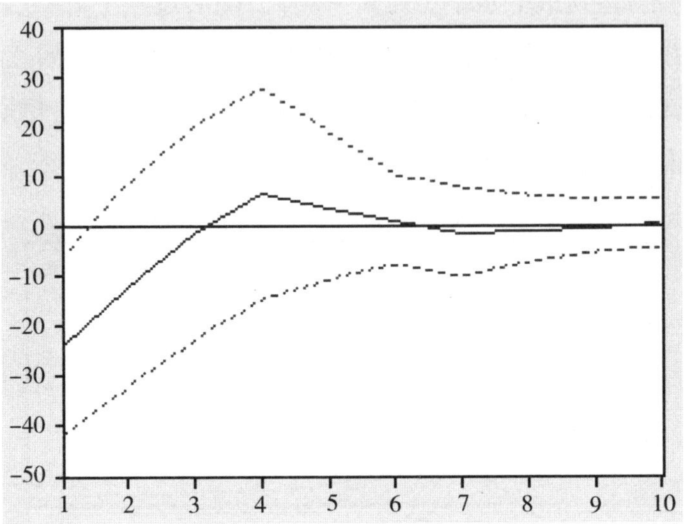

图 5.3 全国整体政府研发资助对本土企业与跨国公司合作创新影响的脉冲响应图

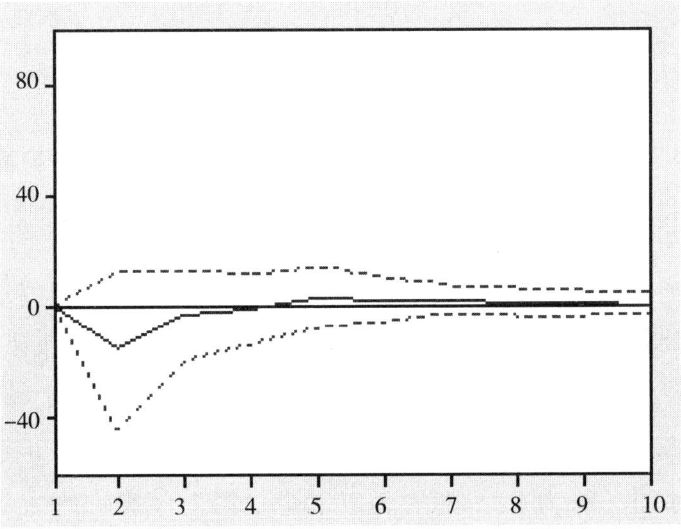

图 5.4 全国整体政府研发资助对本土企业间合作研发影响的脉冲响应图

从图5.4可以看出，本土企业间合作研发在受到政府研发资助当期一个标准差的冲击后，第一年影响基本为零，随后逐渐下降第二年影响达到最低水平（约为-15），随后逐年上升，实现由正转负，并在第五年达到最高水平（约为8），然后逐年缓慢下降，第八年、第九年和第十年影响基本为零，这说明政府研发资助对本土企业间合作研发存在短期为零、长期为零的差异性影响。

从图5.5可以看出，产学研协同创新在受到政府研发资助当期一个标准差的冲击后，第一年影响基本为零，随后逐渐上升第三年影响达到最高水平（约为11），随后逐年下降，第十年影响约为2.5，这说明政府研发资助对产学研协同创新存在短期为零、长期为正的差异性影响。

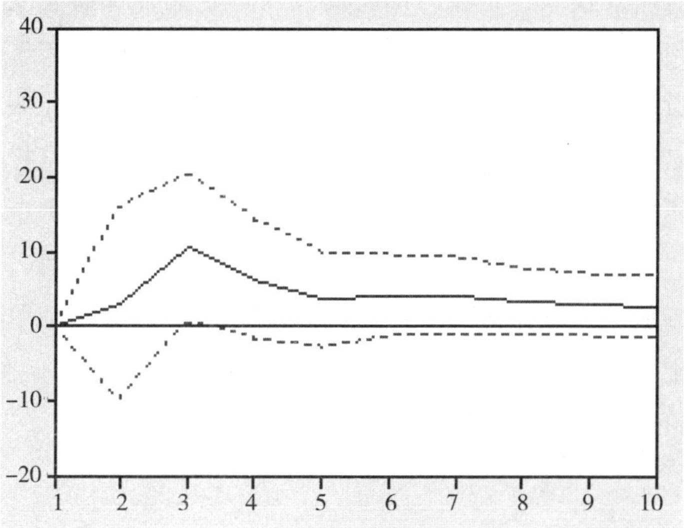

图5.5　全国整体政府研发资助对产学研协同创新影响的脉冲响应图

第二节 东部地区政府研发资助对企业内部研发投入、企业外部研发支出及其三个细分维度影响的脉冲响应分析

一、单位根检验

这里，我们采用 Eviews4.0 软件对东部地区政府研发资助、企业内部研发投入、企业外部研发支出、本土企业与跨国公司合作创新、本土企业间合作研发、产学研协同创新变量数据的平稳性进行 ADF 检验，具体检验结果如表 5.2 所示。从表 5.2 可以看出，政府研发投入、企业内部研发投入、企业外部研发支出、本土企业与跨国公司合作创新、本土企业间合作研发、产学研协同创新变量的 ADF 检验值大于 5% 水平的临界值，接受原假设，变量序列是不平稳序列，而政府研发投入、企业内部研发投入、企业外部研发支出、本土企业与跨国公司合作创新、本土企业间合作研发、产学研协同创新序列一阶差分的 ADF 检验值小于 5% 水平的临界值，拒绝原假设。因此，以上变量序列是一阶单整时间序列，记为 I（1），这使得两序列之间存在协整关系存在可能。因此，符合进行向量自回归模型分析的条件。

表 5.2 各变量的 ADF 单位根检验结果

变量	检验类型（C，T，L）	ADF 检验值	10% 的临界值	结论
ZFZZ	（C，T，1）	-1.324253	-2.7042	非平稳
QYNB	（C，T，1）	-1.553179	-2.7042	非平稳
QYWB	（C，T，1）	-0.769412	-2.7042	非平稳
KGGS	（C，T，1）	-1.770696	-2.7042	非平稳
QYHZ	（C，T，1）	-1.828922	-2.7042	非平稳
CXYXT	（C，T，1）	-0.882613	-2.7042	非平稳
ΔZFZZ	（C，T，1）	-2.915636	-2.7180	平稳
ΔQYNB	（C，T，1）	-3.127612	-2.7180	平稳
ΔQYWB	（C，T，1）	-3.951117	-2.7180	平稳
ΔKGGS	（C，T，1）	-2.891897	-2.7180	平稳
ΔQYHZ	（C，T，1）	-2.811109	-2.7180	平稳
ΔCXYXT	（C，T，1）	-4.844796	-2.7180	平稳

二、脉冲响应分析

（1）东部地区政府研发资助对企业内部研发投入的脉冲响应分析

从图 5.6 可以看出，企业内部研发投入在受到政府研发资助当期一个标准差的冲击后，第一年影响（约为 600）开始下降直至第三年影响（约为 400）重获升势，然后第四年（约为 500）至第十年影响（约为 370）就一直缓慢下降，这说明政府研发资助对企业内部研发投入存在短期为正向、长期正向的影响。

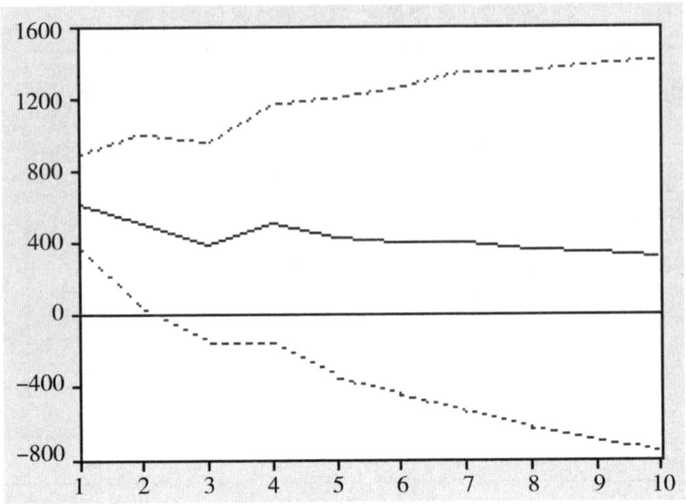

图 5.6　东部地区政府研发资助对企业内部研发投入影响的脉冲响应图

（2）东部地区政府研发资助对企业外部研发支出的脉冲响应分析

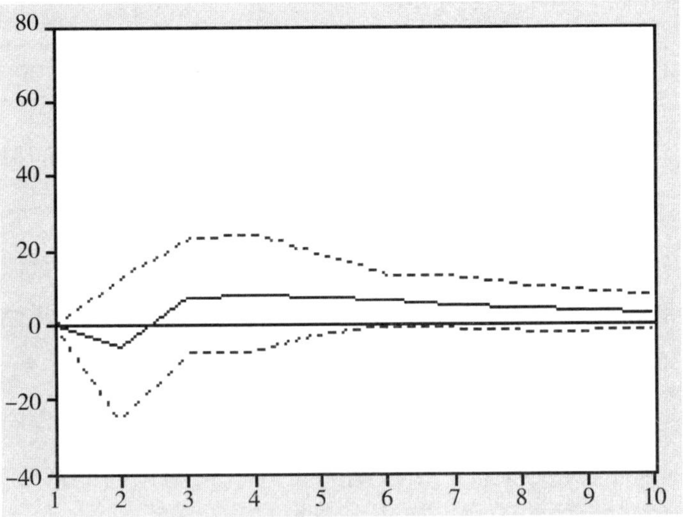

图 5.7　东部地区政府研发资助对企业外部研发支出影响的脉冲响应图

从图 5.7 可以看出，企业外部研发支出在受到政府研发资助当期一个标准差的冲击后，第一年影响基本为零，随后逐渐下降第二年影响达到最低水平（约为 -5），随后逐年上升，实现由正转负，并在第三年影响达到最高水平（约为 13），然后逐年缓慢下降且一直为正，这说明政府研发资助对企业外部研发支出存在短期为负、长期为正的差异性影响。

（3）东部地区政府研发资助对本土企业与跨国公司合作创新、本土企业间合作研发、产学研协同创新的脉冲响应分析

从图 5.8 可以看出，本土企业与跨国公司合作创新在受到政府研发资助当期一个标准差的冲击后，第一年影响基本为零，随后逐渐上升第三年影响达到最大（约为 3.5），随后逐年下降，第十年影响约为 2，这说明政府研发资助对本土企业与跨国公司合作创新存在短期为零、长期为正的差异性影响。

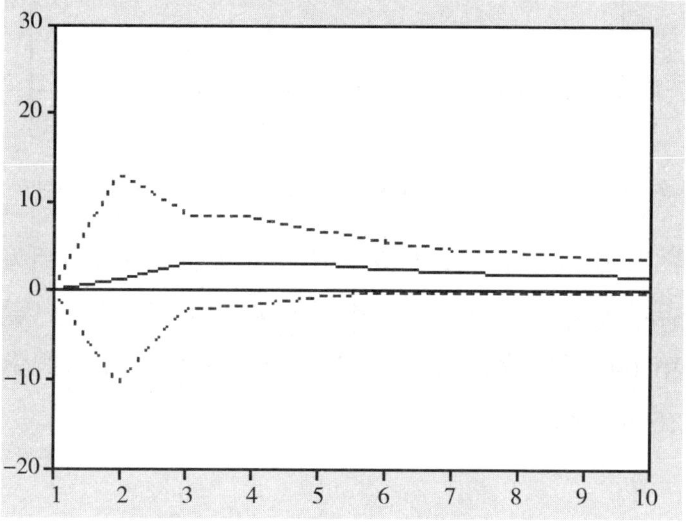

图 5.8 东部地区政府研发资助对本土企业与跨国公司合作创新影响的脉冲响应图

从图 5.9 可以看出，本土企业间合作研发在受到政府研发资助当期一个标准差的冲击后，第一年影响基本为零，随后逐渐下降第二年影响达到最低水平（约为 -10），随后逐年上升，实现由正转负，并在第五年影响达到最高水平（约为 4），然后逐年缓慢下降，第八年、第九年和第十年影响基本为零，这说明政府研发资助对本土企业间合作研发存在短期为零、长期为零的影响。

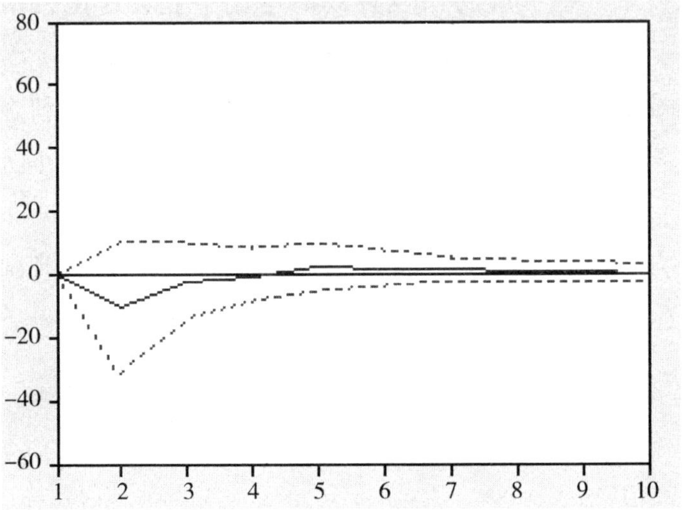

图 5.9　东部地区政府研发资助对本土企业间合作研发影响的脉冲响应图

从图 5.10 可以看出，产学研协同创新在受到政府研发资助当期一个标准差的冲击后，第一年影响最大（约为 16），随后逐年下降，第十年影响约为 3.5，这说明政府研发资助对产学研协同创新存在逐年递减的正向影响。

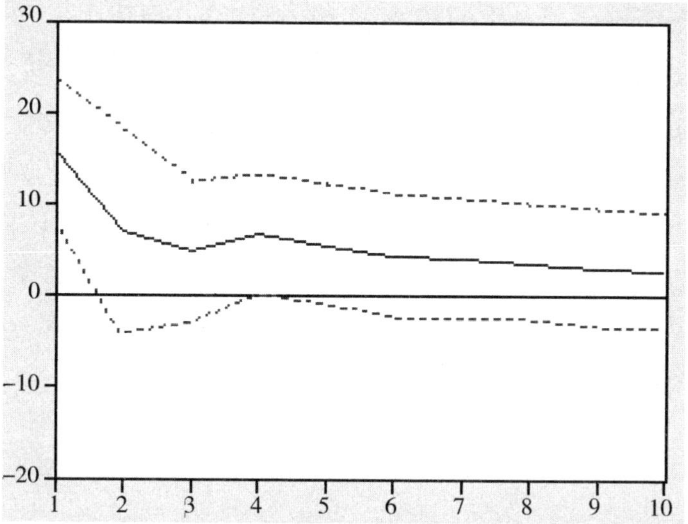

图 5.10　东部地区政府研发资助对产学研协同创新影响的脉冲响应图

第三节　中部地区政府研发资助对企业内部研发投入、企业外部研发支出及其三个细分维度影响的脉冲响应分析

一、单位根检验

这里，我们采用 Eviews4.0 软件对中部地区政府研发资助、企业内部研发投入、企业外部研发支出、本土企业与跨国公司合作创新、本土企业合作研发、产学研协同创新变量数据的平稳性进行 ADF 检验，具体检验结果如表 5.3 所示。从表 5.3 可以看出，政府研发投入、企业内部研发投入、企业外部研发支出、本

土企业与跨国公司合作创新、本土企业间合作研发、产学研协同创新变量的ADF检验值大于5%水平的临界值，接受原假设，变量序列是不平稳序列，而政府研发投入、企业内部研发投入、企业外部研发支出、本土企业与跨国公司合作创新、本土企业间合作研发、产学研协同创新序列一阶差分的ADF检验值小于5%水平的临界值，拒绝原假设。因此，以上变量序列是一阶单整时间序列，记为I（1），这使得两序列之间存在协整关系存在可能。因此，符合进行向量自回归模型分析的条件。

表5.3 各变量的ADF单位根检验结果

变量	检验类型（C，T，L）	ADF检验值	10%的临界值	结论
ZFZZ	（C，T，1）	-1.377793	-2.7042	非平稳
QYNB	（C，T，1）	-1.587323	-2.7042	非平稳
QYWB	（C，T，1）	-1.294670	-2.7042	非平稳
KGGS	（C，T，1）	-1.380162	-2.7042	非平稳
QYHZ	（C，T，1）	-1.712035	-2.7042	非平稳
CXYXT	（C，T，1）	-1.460451	-2.7042	非平稳
ΔZFZZ	（C，T，1）	-3.281343	-2.7180	平稳
ΔQYNB	（C，T，1）	-2.751249	-2.7180	平稳
ΔQYWB	（C，T，1）	-3.431362	-2.7180	平稳
ΔKGGS	（C，T，1）	-2.805592	-2.7180	平稳
ΔQYHZ	（C，T，1）	-3.084313	-2.7180	平稳
ΔCXYXT	（C，T，1）	-3.217458	-2.7180	平稳

二、脉冲响应分析

（1）中部地区政府研发资助对企业内部研发投入的脉冲响应

分析

从图5.11可以看出，企业内部研发投入在受到政府研发资助当期一个标准差的冲击后，第一年影响基本为零，随后逐渐上升第二年影响达到最高水平（约为40），随后逐年下降，第十年影响约为10，这说明政府研发资助对企业内部研发投入存在短期为零、长期为正的差异性影响。

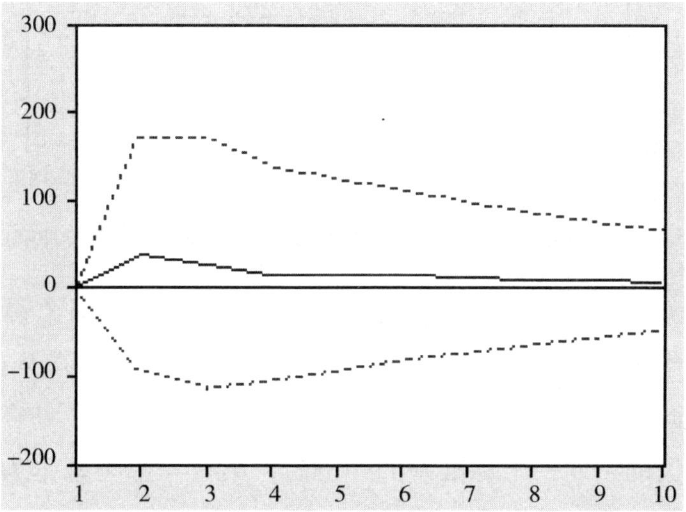

图5.11　中部地区政府研发资助对企业内部研发投入影响的脉冲响应图

（2）中部地区政府研发资助对企业外部研发支出的脉冲响应分析

从图5.12可以看出，企业外部研发支出在受到政府研发资助当期一个标准差的冲击后，第一年影响基本为零，随后逐渐上升第二年影响达到最低水平（约为9），随后逐年下降，并在第十年影响达到最高水平（约为2），这说明政府研发资助对企业外部研发支出存在短期为零、长期为正的差异性影响。

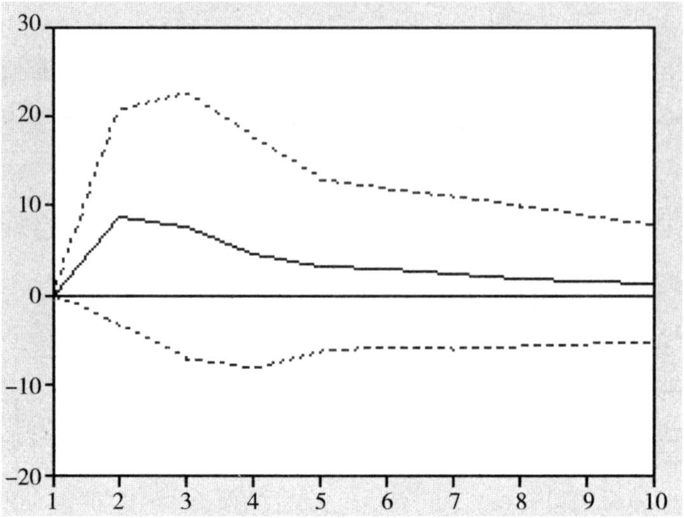

图 5.12　中部地区政府研发资助对企业外部研发支出影响的脉冲响应图

（3）中部地区政府研发资助对本土企业与跨国公司合作创新、本土企业间合作研发、产学研协同创新的脉冲响应分析

从图 5.13 可以看出，本土企业与跨国公司合作创新在受到政府研发资助当期一个标准差的冲击后，第一年影响基本为零，随后逐渐上升第二年影响达到最大（约为 1），随后逐年下降，第十年影响约为 0.3，这说明政府研发资助对本土企业与跨国公司合作创新存在短期为零、长期为正的差异性影响。

从图 5.14 可以看出，本土企业间合作研发在受到政府研发资助当期一个标准差的冲击后，第一年影响最大（约为 9），随后逐渐下降第五年影响达到最低水平（约为 -1），随后逐年上升，第八年、第九年和第十年影响基本为零，这说明政府研发资助对本土企业合作研发存在短期为正、长期为零的影响。

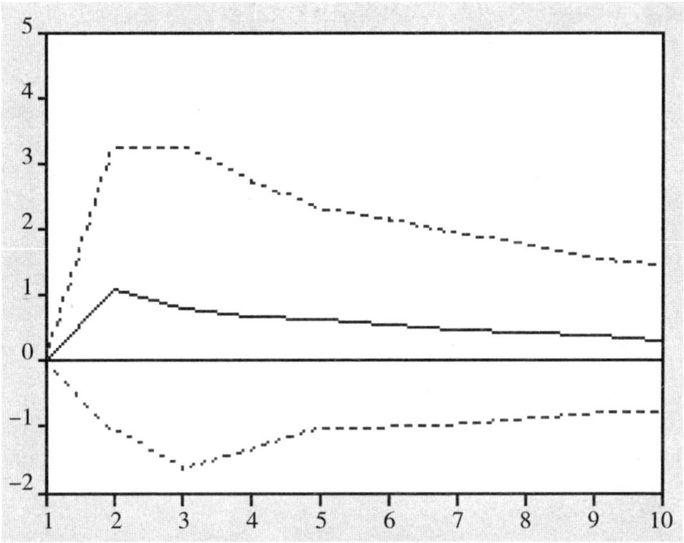

图 5.13　中部地区政府研发资助对本土企业与跨国公司合作创新影响的脉冲响应图

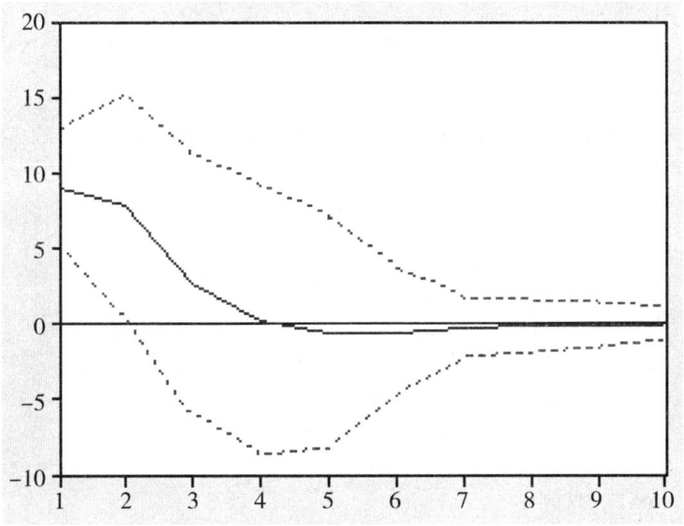

图 5.14　中部地区政府研发资助对本土企业间合作研发影响的脉冲响应图

从图5.15可以看出，产学研协同创新在受到政府研发资助当期一个标准差的冲击后，第一年影响基本为零，随后逐年上升，第三年影响达到最大（约为2.5），随后逐年下降，第三年影响约为0.5，这说明政府研发资助对产学研协同创新存在短期为零，长期为正的影响。

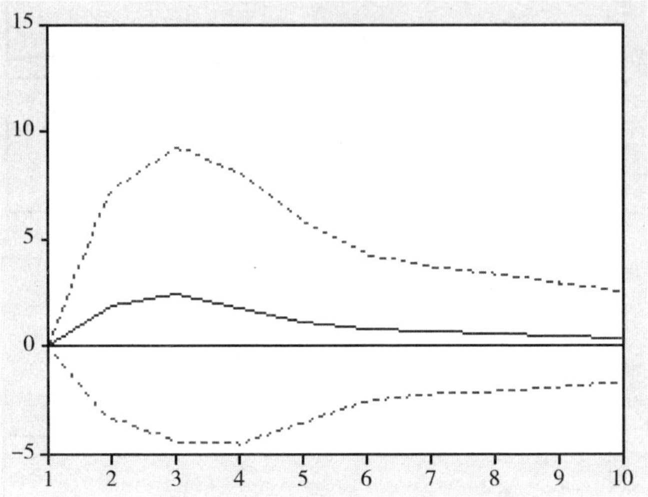

图5.15　中部地区政府研发资助对产学研协同创新影响的脉冲响应图

第四节　西部地区政府研发资助对企业内部研发投入、企业外部研发支出及其三个细分维度影响的脉冲响应分析

一、单位根检验

这里，我们采用Eviews4.0软件对西部地区政府研发资助、企业内部研发投入、企业外部研发支出、本土企业与跨国公司合

作创新、本土企业间合作研发、产学研协同创新变量数据的平稳性进行 ADF 检验，具体检验结果如表 5.4 所示。从表 5.4 可以看出，政府研发投入、企业内部研发投入、企业外部研发支出、本土企业与跨国公司合作创新、本土企业间合作研发、产学研协同创新变量的 ADF 检验值大于 5% 水平的临界值，接受原假设，变量序列是不平稳序列，而政府研发投入、企业内部研发投入、企业外部研发支出、本土企业与跨国公司合作创新、本土企业间合作研发、产学研协同创新序列一阶差分的 ADF 检验值小于 5% 水平的临界值，拒绝原假设。因此，以上变量序列是一阶单整时间序列，记为 I（1），这使得两序列之间存在协整关系存在可能。因此，符合进行向量自回归模型分析的条件。

表 5.4 各变量的 ADF 单位根检验结果

变量	检验类型（C，T，L）	ADF 检验值	10% 的临界值	结论
ZFZZ	（C，T，1）	-0.890578	-2.7042	非平稳
QYNB	（C，T，1）	-1.335319	-2.7042	非平稳
QYWB	（C，T，1）	-0.820630	-2.7042	非平稳
KGGS	（C，T，1）	-0.971911	-2.7042	非平稳
QYHZ	（C，T，1）	-1.388320	-2.7042	非平稳
CXYXT	（C，T，1）	-1.598337	-2.7042	非平稳
ΔZFZZ	（C，T，1）	-2.785327	-2.7180	平稳
ΔQYNB	（C，T，1）	-2.988879	-2.7180	平稳
ΔQYWB	（C，T，1）	-2.733337	-2.7180	平稳
ΔKGGS	（C，T，1）	-2.766698	-2.7180	平稳
ΔQYHZ	（C，T，1）	-2.810339	-2.7180	平稳
ΔCXYXT	（C，T，1）	-2.781784	-2.7180	平稳

二、脉冲响应分析

（1）西部地区政府研发资助对企业内部研发投入的脉冲响应分析

从图 5.16 可以看出，企业内部研发投入在受到政府研发资助当期一个标准差的冲击后，第一年影响基本为零，随后逐渐下降第二年影响达到最低水平（约为 -28），随后逐年上升，实现由正转负，并在第三年影响达到最高水平（约为 50），然后逐年缓慢下降且一直为正，这说明政府研发资助对企业内部研发投入存在短期为零、长期为正的差异性影响。

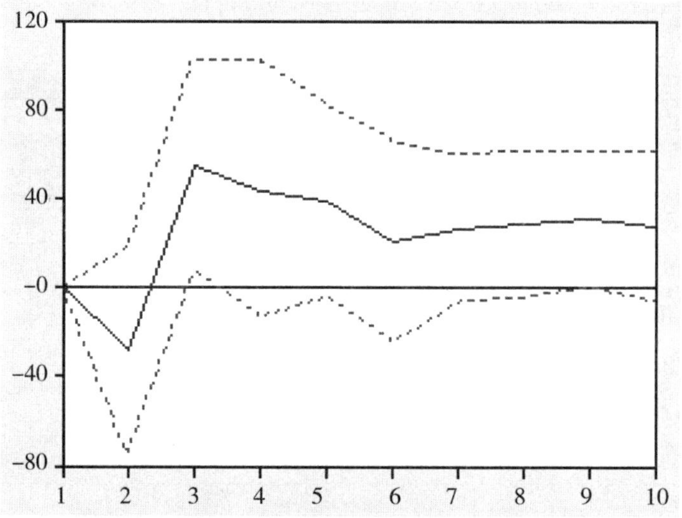

图 5.16　西部地区政府研发资助对企业内部研发投入影响的脉冲响应图

（2）西部地区政府研发资助对企业外部研发支出的脉冲响应分析

从图 5.17 可以看出，企业外部研发支出在受到政府研发资助当期一个标准差的冲击后，第一年影响最大（约为7），随后逐年下降，并在第十年影响达到最低水平（约为1.5），这说明政府研发资助对企业外部研发支出存在逐年递减的正向影响。

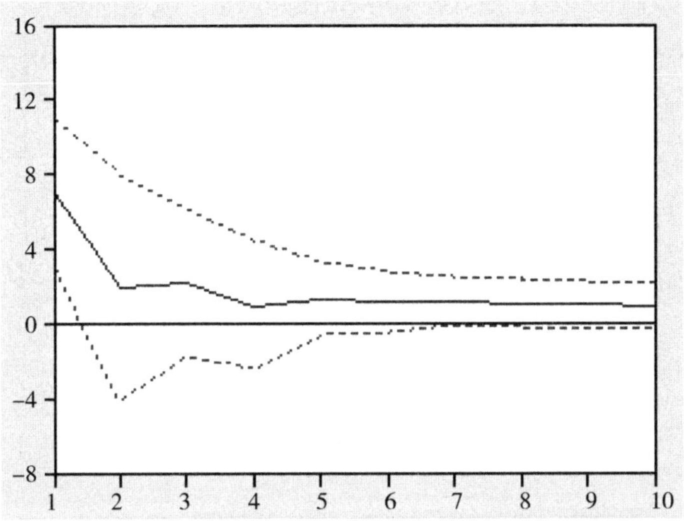

图5.17 西部地区政府研发资助对企业外部研发支出影响的脉冲响应图

（3）西部地区政府研发资助对本土企业与跨国公司合作创新、本土企业间合作研发、产学研协同创新的脉冲响应分析

从图5.18可以看出，本土企业与跨国公司合作创新在受到政府研发资助当期一个标准差的冲击后，第一年影响基本为零，随后逐渐下降第二年影响达到最低水平（约为-1），随后逐年上升，实现由正转负，并在第五年影响达到最高水平（约为0.6），然后逐年缓慢下降，这说明政府研发资助对本土企业与跨国公司合作创新存在短期为零、长期为正的差异性影响。

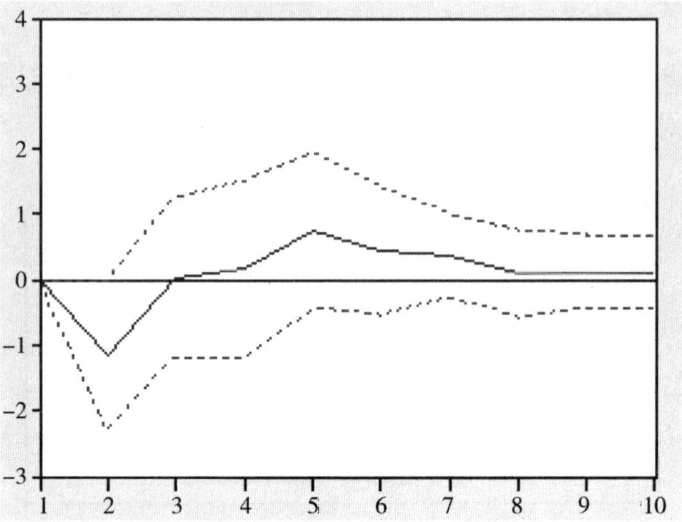

图 5.18 西部地区政府研发资助对本土企业与跨国公司合作创新影响的脉冲响应图

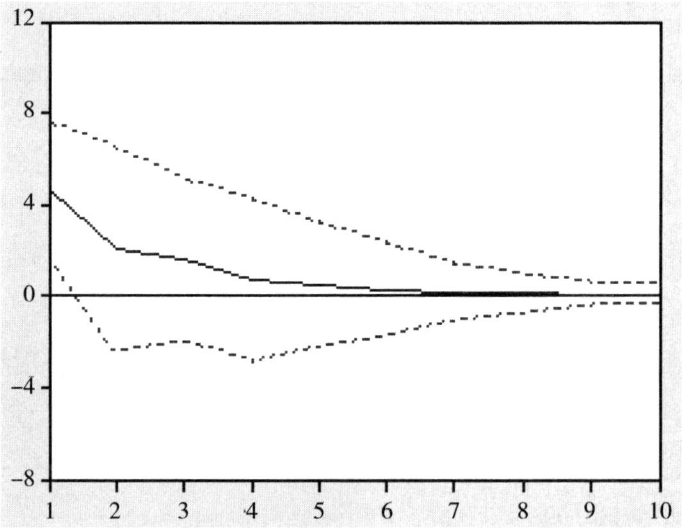

图 5.19 西部地区政府研发资助对本土企业间合作研发影响的脉冲响应图

从图5.19可以看出，本土企业间合作研发在受到政府研发资助当期一个标准差的冲击后，第一年影响最大（约为4.7），随后逐渐下降，第七年、第八年、第九年和第十年影响基本为零，这说明政府研发资助对本土企业合作研发存在短期为正、长期为零的影响。

从图5.20可以看出，产学研协同创新在受到政府研发资助当期一个标准差的冲击后，第一年影响基本为零，随后逐年下降，第二年影响达到最低（约为-1），随后逐年上升，实现由负转正，第五年影响约为2，随后逐年下降，第七年影响为零，第八年影响约为-0.2，随后逐年上升，第十年影响约为1.2，这说明政府研发资助对产学研协同创新存在短期为零，长期为正的影响。

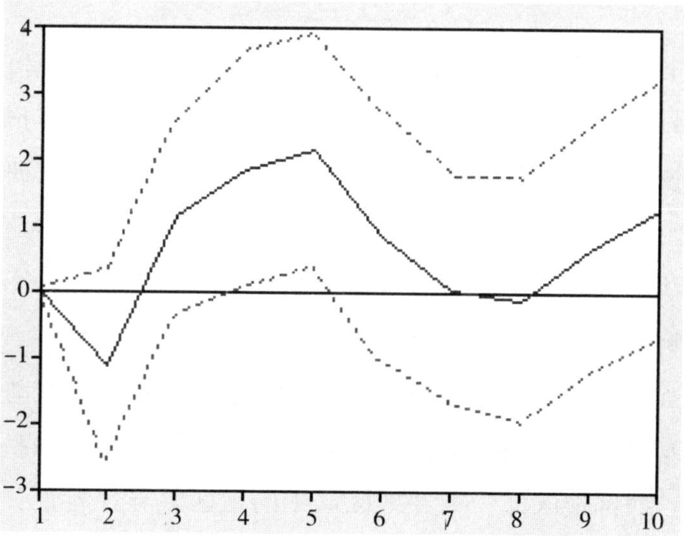

图5.20 西部地区政府研发资助对产学研协同创新影响的脉冲响应图

第六章

研究结论、对策建议和研究展望

第一节　研究结论

本书从企业外部创新网络的视角，采用我国2000—2014年省级面板数据，就政府研发资助、企业外部研发支出和客户协同创新对科技创新效率的影响进行了随机前沿分析，就政府研发资助对企业内部研发投入、企业外部研发支出、本土企业与跨国公司合作创新、本土企业之间的研发合作和产学研协同创新影响进行了脉冲响应分析，我们得到以下几点结论：

1. 全国整体科技创新效率呈现波浪上升趋势，浮动区间在0.48—0.78之间，存在较大的提升空间；科技创新效率呈现东部地区高、西部地区低、中部地区居中的地区差异性特征；东部地区各省份科技创新效率从发散趋向收敛，中部地区平均效率和东部地区平均效率趋向收敛，中部地区的追赶效应明显，西部地区科技创新效率趋于收敛、且略有下降，与东部、中部地区科技创新效率差距不断扩大。

2. 无论是全国整体，还是东部地区、中部地区和西部地区，政府研发资助对我国科技创新效率都存在负向影响，存在一定程度的“政府失灵”，企业外部研发支出对我国科技创新效率存在正向作用，政府研发资助对企业内部研发投入存在诱导效应，政府研发资助对企业外部研发支出存在挤出效应；从分组回归结果来看，企业外部研发支出对东部地区科技创新效率存在正向影响，对中部地区和西部地区科技创新效率不存在显著性影响；东部地区，政府研发资助对企业内部研发投入存在诱导效应，政府研发资助对企业外部研发支出存在挤出效应；中部地区，政府研发资助对企业内部研发投入存在挤出效应，政府研发资助对企业外部研发支出存在诱导效应；西部地区，政府研发资助对企业内部研发投入存在挤出效应，政府研发资助对企业外部研发支出存在诱导效应。无论是全国整体，还是东部地区、中部地区和西部地区，客户协同创新对科技创新效率均不存在显著性影响。

3. 政府研发资助对全国整体和东部地区企业内部研发投入存在短期为正向、长期亦为正向的影响，对全国整体和东部地区企业外部研发支出存在短期为负、长期为正的差异性影响，对全国整体和东部地区本土企业间合作研发存在短期为零、长期为零的差异性影响，对全国整体本土企业与跨国公司合作创新存在短期为负、长期为零的差异性影响，对全国整体产学研协同创新存在短期为零、长期为正的差异性影响。对东部地区本土企业与跨国公司合作创新存在短期为零、长期为正的差异性影响，对东部地区产学研协同创新存在逐年递减的正向影响，对中部地区和西部地区企业内部研发投入存在短期为零、长期为正的差异性影响，对中部地区和西部地区本土企业与跨国公司合作创新存在短期为零、长期为正的差异性影响，对中部地区和西部地区本土企业间合作研发存在短期为正、长期为零的影响，对中部地区和西部地区产学研协同创新存在短期为零、长期为正的影响，对中部地区企业外部研发支出存在短期为零、长期为正的差异性影响，对西部地区企业外部研发支出存在逐年递减的正向影响。

第二节 对策建议

为了改善我国企业科技创新效率，进一步提高我国企业科技创新产出，本书提出以下对策建议：

1. 打击寻租腐败，严防科技创新领域腐败的滋生。Li et al.(2008)、李捷瑜和黄宇丰（2010）、余明桂等（2010）指出，我国的法治环境比较差，产权保护力度不够，企业寻租行为可以使自身获得“政治关系资本”，这种资本可以看作一种替代性的、非正式的制度安排，能够帮助企业获得一些稀缺的要素资源，进而促进企业自身的发展。但是，这种扭曲的获取政府部门稀缺资源的方式抑制了整个社会的科技创新，影响到了整个国家经济的健康发展。鲍莫尔（2010）指出，企业家精神是多元性的，可以是模仿型企业家精神、创新型企业家精神，也可以是寻租企业家精神、非生产性企业家精神，关键取决于企业家精神被如何配置。在我国，转型具有经济转型和司法体制转型双重特征，企业家亦具有两面性，其通常会选择一边生产一边寻租（吴敬琏和黄少卿，2006）。因为，政府部门掌握着大量企业需要的行政资源和经济资源，并且，我国司法体系不健全，监督机制缺失，在这两者相互作用下，企业家就有动机采取寻租行为建立“政治关系”，从而在合法外衣掩护下获取政府掌握的经济资源（余明桂等，2010）。如果企业家寻租行为能够给自己带来相当大的报酬，企业家将其活动更多地配置于寻租活动（庄子银，2007），这就会导致企业家精神的错配，并降低企业家从事科技创新活动的效率。建议政府部门加强对寻租腐败的打击力度，提高企业家寻租活动风险，降低企业家寻租活动的预期收益，从而更多地让位于市场机制对资源的配置，引导并形成更加合理的报酬结构，使得企业家将更多的时间和精力投身于企业生产经营和研发活动之中。建议对政府部门 R&D 资助对象选择的全过程进行严格监督，强化资金的监督和审计，消减寻租产生的空间。政府研发资助资金监控与管理手段的相对不足，是该领域腐败滋生的重要原因。建议政府部门强化对政府研发资助资金的管理和实时监控，建立一个贯穿资金分配、利用与绩效评价的监控体系，形成贯通上下、全面覆盖、高效监督的系统，进一步铲除科技创新领域腐败的生存土壤。顾元媛（2012）认为，反腐力度的加强明显地改善了地区的法制环境，压缩了企业向地方政府官员寻租空间，迫于市场竞争压力，企业会理性选择增加科技创新投入。

2. 建立新型的政企关系。齐结斌和安同良（2014）认为，从计划经济体制向市场经济体制转轨的过程，实际上亦是一个政府部门和企业家在市场中主导权相变换的过程。对于世界上的任何一个国家来说，企业家均是国家经济发展的重要依托，甚至可以说是中流砥柱。建议塑造新型的政企关系，以政府机构改革和政府职能的转变为突破口，清理规范行政审批事项，强化对地方政府部门权力运行制约与监督，深化经济责任的审计工作，确立政府和企业在法律上的对等关系。建议继续推进政企分开，消减地方政府官员对企业生产、经营活动的行政干预，转换地方政府职能和角色定位，明晰国有企业产权，对国有企业进行公司制改造，实行投资主体多元化，做科技创新环境的扶持者和建设者，而不是强制者和干预者。

3. 增加政府科技创新资助金额。政府的前瞻性技术偏好，使得其短期不可能带来可观的创新产品，但是，如果选择若干滞后期的话，其对科技创新效率的积极影响应该是显著的，因为，政府的研发资助会给社会一个明显的激励信号，从而社会会围绕政府研发资助形成企业研发投入簇。许多发达国家在自主创新的过程中，政府的积极推动都起到了至关重要的作用，并且，政府部门对企业的研发资助可以提高区域技术机会，降低企业科技创新的门槛，因此，政府的激励政策是必需的。但政府部门要积极寻求支持方式的针对性。譬如，建议政府增加对东部地区自主创新和中西部地区开放式创新活动的资助力度，减少对东部地区开放式创新和自主创新活动的资助力度。另外，东部地区、中部地区和西部地区，政府部门要保持对企业内部研发投入、本土企业与跨国公司合作创新、本土企业间研发合作、产学研协同创新资助的连续性和连贯性。此外，建议东部地区和中部地区政府部门对本土企业间合作研发的资助年限不要超过三年，西部地区政府部门对本土企业间合作研发的资助年限不要超过六年。

4. 扭转当前政府部门对企业研发支持的扭曲局面，实现政府外源性供给和企业内生性需求的匹配对接。根据本书实证研究的结论，我们发现，当前政府部门对企业研发支持存在一定程度上的扭曲，尤其突出表现在政府对远期技术的偏好，这会使得政府干预对企业科技创新效率的影响并不理想，而在市场经济体制下，作为市场主体的企业会选择根据市场需求开展科技创新活动，因此，其更能适应消费者的需要，企业自主R&D支出可以有效提升科技创新效率。所以，我们认为，政府在支持项目的选择方面，不能只考虑技术或工艺的“远期”战略意义，对这项技术或工艺的现实经济生存能力也应给予适当的关注。建议将政府部门的“远期”战略目标和企业的近期盈利目标完美结合，这样才能够真正让政府部门的研发资助资金落到实处，才能够真正实现政府资助企业科技创新活动的战略目标。

5. 充分发挥东部、中部、西部地区客户协同创新的科技创新效应。建议东部、中部、西部地区政府部门采取直接资金资助或者积极财税政策激励创新企业与客户开展协同创新活动。建议企业建立能够综合运用协同设计、群体决策、组织创新、网络服务、人工智能等技术的客户协同创新平台，实现网络环境下客户协同创新知识共享，激发组织创造力以便使得信息更容易获取和更广泛、更迅速地传播。建议采取既考虑产品创新要求又考虑客户自身特征的协同创新客户的选取方法，从广泛的客户群体之中挑选出合适的客户全程参与到产品创新当中；建议依据协同创新客户和协同产品创新特征来分解产品创新任务，这样做既能反映产品创新特征，又能帮助企业识别与判别客户协同的具体任务，将有关联的任务具体划分为几个任务组，可以提升同一任务组创新主体间的协同效率，降低不同任务组别创新主体的协同交互成本。建议采取协同创新客户与任务组别的产品创新任务匹配的方法，将拥有差异化创新能力和知识结构的协同创新客户和产品创新任务特点匹配起来，并实现客户和任务匹配度的最大化。鼓励科技创新小组成员积极进行互动交流，缩短产品创新的设计周期。建议企业针对不同的时间和场合制订不同的补偿政策进而激励相关人员积极参与进来，增加客户参与协同创新的乐趣，提高研发人员的创新能力和研发水平。

第三节　研究展望

目前，企业外部创新网络对技术创新效率影响的研究尚处于起步阶段，后续可以重点研究以下五个问题：

1. 研究企业外部创新网络成员，例如政府部门、供应商、中介机构、其他创新企业、高校、研究机构、跨国公司研发机构的个体差异性及其对技术创新效率的影响，研究探讨企业外部创新网络成员知识异质性在影响技术创新过程与技术创新产出中发挥的作用，尤其是在“政产学研”方面。

2. 从转型经济背景研究某个具体产业，例如服务业，企业外部创新网络对技术创新效率影响及其治理问题。由于环境因素、制度建设不完善等特征，转型经济的某个具体产业，例如服务业企业外部创新网络治理与西方发达国家有着显著差异。另外，在智能生产和服务网络体系背景下，产业技术创新平台将来的发展态势与研究方向也是值得进行深入探讨的。

3. 针对我国产业集群间跨区域整合的现实问题，在经济转型的背景下，研究群际协同创新对技术创新效率的影响，以及群际协同创新过程中知识溢出和共享的微观行为和过程等问题，这对于获得产业发展以及产业集群经济发展的核心竞争力具有一定的指导意义。

4. 从逆向网嵌入理论视角研究国外创新网络对技术创新效率的影响和国外子公司逆向嵌入网络特征、知识传导、研发创新的过程以及一般机理，可以为政府部门出台政策支持我国企业“走出去”研发创新提供理论借鉴。为避免国外子公司处于技术创新“孤岛”，出现网络构建残缺、内外联动不强、国外子公司反哺能力低等问题，对提高国外子公司知识吸收能力与技术创新能力，提升集团公司技术创新整体绩效具有重要指导意义。另外，国家创新系统的国际化也是未来值得研究的重要课题。

5. 国家技术创新系统，包括影响技术创新活动开发、利用和扩散的全部重要的政治、经济、社会、制度、组织及其他因素。显然，单个学科均不能全面地认识、理解国家技术创新系统，需要包括管理学、经济学、地理学、政治学和社会学等多个学科，对其开展综合性研究，例如，近年一些学者把管理学的知识管理概念引入到国家技术创新系统的研究当中。因此，多学科综合研究对技术创新效率的影响也是亟待深入研究的课题。

附　表

附表 1　2000 - 2014 年 31 省(市、区)科技活动经费外部支出金额(单位:亿元)

年份	2014	2013	2012	2011	2010	2009	2008	2007	2006	2005	2004	2003	2002	2001	2000
四川	13.25	11.66	10.14	6.06	7.25	6.52	9.94	9.99	7.62	4.71	4.85	3.93	2.95	3.27	2.65
西藏	0.08	0.11	0.32	0.03	0.01	0.06	0.00	0.00	0.00	0.00	0.00	0.00	0.00	0.00	0.00
陕西	11.14	7.81	9.57	6.59	5.22	5.42	7.68	3.73	4.20	3.80	3.26	3.15	2.91	3.54	4.53
黑龙江	9.79	5.32	10.26	9.15	8.83	6.19	6.50	6.19	5.25	3.66	3.93	4.87	2.61	2.83	1.09
海南	1.73	1.47	1.34	0.82	0.55	0.38	0.32	0.18	0.08	0.53	0.20	0.17	0.04	0.05	0.34
云南	3.16	4.46	3.84	2.44	2.72	3.56	3.83	2.32	2.75	1.25	1.21	1.05	0.73	1.50	0.77
甘肃	10.18	6.85	6.44	4.73	3.28	3.56	14.53	13.35	10.11	8.39	4.22	1.95	0.55	0.59	1.61
青海	0.64	0.52	0.66	2.29	0.26	1.11	2.61	1.25	0.71	0.62	0.36	0.32	0.16	0.14	0.09
辽宁	14.06	12.58	9.93	8.90	14.13	9.50	18.64	13.07	10.59	13.09	8.68	9.62	7.77	7.54	6.96
江西	7.97	10.58	8.86	7.98	5.95	4.45	12.48	8.89	6.30	3.43	1.98	1.98	1.04	1.16	1.23
湖北	9.92	9.08	8.65	6.13	4.95	3.89	9.86	7.40	4.33	3.92	2.82	3.40	3.35	2.35	3.75
广西	3.54	3.72	4.58	3.81	2.25	2.08	4.11	3.19	4.39	1.81	1.23	1.05	1.15	0.73	0.65

续表

年份	2014	2013	2012	2011	2010	2009	2008	2007	2006	2005	2004	2003	2002	2001	2000
贵州	1.79	1.42	1.65	1.07	1.17	1.35	2.90	2.88	1.29	0.98	1.29	0.61	0.66	0.69	0.57
宁夏	0.75	0.95	0.64	0.68	0.30	0.17	0.69	0.37	0.47	0.31	0.25	0.31	0.43	0.25	0.45
新疆	4.42	1.81	4.26	5.20	7.33	4.12	5.37	5.12	4.17	3.19	1.55	1.88	1.50	1.09	1.74
河北	13.96	10.82	9.77	6.10	5.83	3.89	8.86	6.68	4.96	4.63	5.27	3.50	2.06	1.57	1.44
山西	9.08	7.77	9.29	6.25	5.01	4.37	16.68	10.65	7.81	4.09	3.16	3.02	2.11	1.38	0.87
内蒙古	4.94	3.37	2.89	2.90	2.01	0.87	2.70	2.02	1.85	1.83	0.73	0.63	0.51	0.49	0.62
浙江	23.60	25.85	29.76	26.61	18.89	16.11	25.85	20.69	14.41	18.75	9.51	10.20	6.03	5.86	4.50
福建	11.46	14.06	14.03	10.24	8.74	4.96	8.89	8.28	7.80	5.92	5.74	5.39	5.27	4.33	1.20
山东	59.92	52.65	50.50	44.57	41.86	28.08	41.48	32.96	22.97	17.96	18.45	18.26	12.50	14.21	14.32
河南	8.33	10.28	11.97	8.94	6.78	7.73	12.07	10.71	7.44	5.91	4.09	3.77	4.09	4.29	2.27
湖南	11.21	11.99	10.59	6.17	5.47	4.37	6.05	9.04	5.39	3.44	4.00	3.79	2.19	2.10	1.35
重庆	7.89	7.19	6.79	7.07	5.19	4.13	9.28	4.95	4.05	6.25	6.24	4.42	2.68	2.11	1.53
北京	28.96	14.08	21.79	21.52	16.26	14.10	38.44	15.45	15.88	8.98	7.81	3.29	2.14	4.99	10.83
吉林	6.57	17.67	14.05	3.69	3.06	1.65	4.14	2.56	2.50	1.83	0.61	2.71	1.36	1.84	0.98
上海	38.79	49.21	38.52	24.46	20.39	22.35	28.10	43.18	29.09	22.61	21.64	9.20	15.48	12.30	9.15
天津	13.20	9.39	13.17	8.79	20.31	20.30	48.75	42.47	24.66	20.45	14.37	9.97	2.56	1.70	1.25
安徽	19.14	17.22	19.09	14.32	9.32	7.74	12.73	15.67	9.09	11.28	5.55	3.45	3.13	1.49	0.76
江苏	58.86	39.40	36.83	43.61	23.12	29.63	41.45	39.93	28.61	41.20	29.75	28.10	21.37	15.38	9.39
广东	49.85	53.87	47.69	54.62	18.69	27.12	23.08	23.86	27.43	23.86	22.66	17.54	13.65	11.53	9.98

附表2　2000－2014年31省(市、区)R&D经费外部支出中对境外R&D支出金额(单位:亿元)

年份	2014	2013	2012	2011	2010	2009	2008	2007	2006	2005	2004	2003	2002	2001	2000
四川	3.71	1.51	2.04	1.58	2.26	0.78	2.64	1.46	0.65	0.82	0.75	1.00	0.44	0.58	0.50
西藏	0.02	0.04	0.00	0.00	0.00	0.00	0.00	0.00	0.00	0.00	0.00	0.00	0.00	0.00	0.00
陕西	4.44	2.51	2.06	0.37	0.31	2.38	2.16	0.13	0.18	0.26	0.19	0.48	0.56	0.85	3.55
黑龙江	1.82	1.24	2.66	2.95	2.57	0.74	0.25	0.12	0.02	0.10	0.23	2.16	0.80	1.55	0.14
海南	0.05	0.02	0.00	0.01	0.00	0.17	0.00	0.00	0.01	0.48	0.06	0.07	0.00	0.00	0.14
云南	0.96	0.34	1.24	0.51	1.76	2.46	0.61	0.01	0.15	0.06	0.07	0.08	0.09	0.81	0.03
甘肃	0.32	1.25	1.24	0.78	0.78	0.70	0.29	0.08	0.06	0.08	0.08	0.02	0.01	0.10	0.26
青海	0.00	0.05	0.02	0.01	0.01	0.12	1.61	0.02	0.00	0.00	0.00	0.15	0.00	0.02	0.00
辽宁	6.42	5.29	4.10	3.52	6.51	5.48	1.69	1.32	0.79	4.33	0.62	1.19	2.87	1.77	0.65
江西	4.49	4.01	2.02	2.94	1.11	0.49	0.01	0.35	0.69	0.19	0.08	0.40	0.09	0.05	0.65
湖北	2.11	1.72	2.34	1.62	1.53	0.95	0.61	0.80	0.30	0.34	0.28	0.57	0.52	0.30	1.17
广西	0.87	0.37	0.53	1.18	1.15	0.26	0.07	0.58	0.12	0.04	0.21	0.24	0.36	0.21	0.06
贵州	0.44	0.44	0.14	0.05	0.13	0.10	0.04	0.07	0.24	0.03	0.00	0.05	0.06	0.05	0.05
宁夏	0.10	0.08	0.10	0.07	0.08	0.04	0.01	0.00	0.02	0.09	0.06	0.01	0.00	0.02	0.03
新疆	1.03	0.35	0.86	4.21	4.73	1.10	0.08	0.23	0.15	0.00	0.00	0.01	0.03	0.15	0.06
河北	3.49	1.11	1.37	1.04	2.27	1.16	0.97	0.99	0.91	0.07	0.16	0.29	0.32	0.29	0.33

续表

年份	2014	2013	2012	2011	2010	2009	2008	2007	2006	2005	2004	2003	2002	2001	2000
山西	1. 86	1. 81	3. 83	1. 30	1. 11	0. 67	0. 90	0. 89	0. 26	0. 24	0. 22	0. 40	0. 09	0. 06	0. 01
内蒙古	2. 13	0. 72	0. 63	0. 88	0. 30	0. 22	0. 32	0. 35	0. 17	0. 56	0. 02	0. 02	0. 01	0. 05	0. 03
浙江	7. 45	8. 85	12. 26	11. 89	9. 12	7. 90	1. 11	1. 00	1. 82	0. 80	0. 71	1. 63	1. 47	1. 02	1. 37
福建	5. 98	6. 35	6. 27	4. 27	5. 10	2. 45	0. 35	0. 65	0. 55	0. 36	0. 27	3. 57	3. 10	2. 95	0. 36
山东	16. 73	12. 47	13. 69	11. 92	13. 25	9. 03	7. 98	8. 13	4. 78	4. 32	4. 87	8. 54	5. 80	7. 36	3. 69
河南	1. 34	0. 83	0. 69	0. 73	1. 48	0. 80	1. 13	1. 23	0. 53	0. 76	0. 56	0. 43	0. 65	0. 72	0. 44
湖南	2. 23	0. 90	1. 26	1. 49	0. 55	0. 69	1. 73	2. 36	0. 88	0. 66	0. 52	1. 09	0. 46	0. 40	0. 22
重庆	2. 27	1. 48	1. 73	2. 86	1. 77	2. 31	1. 50	0. 20	0. 16	0. 22	0. 06	2. 28	0. 81	0. 68	0. 36
北京	4. 57	6. 60	3. 48	5. 31	2. 39	1. 84	0. 45	0. 35	1. 08	0. 84	3. 81	1. 89	0. 71	3. 42	5. 17
吉林	2. 12	2. 39	1. 72	0. 53	1. 39	0. 21	0. 98	0. 24	0. 89	0. 00	0. 11	1. 60	0. 73	0. 88	0. 15
上海	31. 70	37. 15	30. 40	16. 51	15. 09	13. 43	1. 55	1. 78	2. 05	5. 84	9. 25	4. 25	9. 28	7. 79	5. 67
天津	5. 54	3. 24	6. 98	3. 33	14. 87	15. 86	0. 61	0. 82	0. 32	16. 34	0. 12	7. 66	0. 55	0. 41	0. 11
安徽	7. 89	7. 94	9. 80	7. 34	4. 64	4. 20	0. 73	1. 32	1. 01	1. 60	0. 24	0. 98	1. 08	0. 31	0. 04
江苏	29. 13	15. 49	15. 60	19. 63	9. 73	12. 50	7. 44	2. 90	3. 99	11. 53	10. 19	13. 62	9. 30	6. 64	3. 10
广东	26. 42	39. 04	36. 30	24. 65	12. 52	13. 78	1. 07	5. 99	5. 83	5. 82	7. 54	10. 31	7. 17	6. 07	6. 26

附表 3　2000－2014 年 31 省（市、区）R&D 经费外部支出中对研究院所和高校支出金额（单位：亿元）

年份	2014	2013	2012	2011	2010	2009	2008	2007	2006	2005	2004	2003	2002	2001	2000
四川	6.12	6.72	5.04	2.25	3.04	3.40	4.41	5.33	4.39	2.33	2.61	1.63	1.56	1.09	1.42
西藏	0.05	0.06	0.02	0.02	0.01	0.04	0.00	0.00	0.00	0.00	0.00	0.00	0.00	0.00	0.00
陕西	4.71	3.55	4.06	4.06	3.09	1.57	2.24	1.62	2.37	1.48	1.32	0.89	1.10	0.93	0.56
黑龙江	5.35	2.32	5.25	3.58	4.00	3.46	3.03	2.21	1.50	1.33	1.77	1.52	0.88	0.58	0.59
海南	1.61	1.39	1.29	0.79	0.51	0.18	0.13	0.17	0.05	0.03	0.13	0.09	0.04	0.05	0.17
云南	1.57	3.46	2.05	1.40	0.59	0.76	1.16	0.71	0.90	0.51	0.50	0.62	0.31	0.58	0.57
甘肃	5.72	3.70	2.92	2.67	1.54	2.15	5.63	4.86	3.60	2.09	1.47	0.41	0.35	0.30	0.94
青海	0.50	0.39	0.57	0.20	0.13	0.55	0.24	0.48	0.18	0.19	0.25	0.13	0.07	0.09	0.04
辽宁	4.88	4.52	4.61	4.10	6.38	2.42	3.65	4.81	4.08	3.61	3.55	6.08	2.92	3.59	2.82
江西	2.60	5.27	4.60	3.85	3.42	2.06	6.49	3.52	2.44	1.31	0.83	1.03	0.65	0.68	0.39
湖北	5.61	4.28	4.50	2.78	2.04	1.93	3.22	2.69	2.99	2.02	1.23	1.46	2.10	1.45	1.75
广西	2.21	2.44	3.12	1.86	0.63	1.42	1.35	1.21	0.88	0.88	0.61	0.58	0.68	0.37	0.38
贵州	0.82	0.63	0.97	0.54	0.75	0.83	1.63	1.60	0.73	0.54	0.45	0.25	0.29	0.20	0.09
宁夏	0.30	0.46	0.33	0.29	0.15	0.08	0.41	0.20	0.28	0.10	0.10	0.19	0.10	0.11	0.09
新疆	1.73	1.00	2.41	0.42	1.80	1.97	4.17	4.30	2.19	2.28	0.70	1.25	0.49	0.44	0.91
河北	5.09	5.08	4.06	2.90	2.14	1.68	3.52	2.79	1.56	2.86	1.73	1.27	0.88	0.78	0.69

续表

年份	2014	2013	2012	2011	2010	2009	2008	2007	2006	2005	2004	2003	2002	2001	2000
山西	4. 87	3. 74	3. 24	2. 97	2. 30	2. 04	8. 03	6. 32	5. 00	2. 26	1. 68	1. 52	1. 21	0. 66	0. 49
内蒙古	1. 94	1. 78	1. 41	1. 21	1. 07	0. 26	1. 32	0. 76	0. 73	0. 69	0. 36	0. 38	0. 35	0. 30	0. 44
浙江	12. 08	12. 25	12. 59	9. 82	6. 99	4. 80	9. 92	9. 01	7. 61	9. 00	5. 58	5. 92	3. 12	3. 25	2. 19
福建	3. 70	6. 05	6. 00	4. 13	2. 61	1. 77	2. 75	1. 81	2. 04	1. 07	1. 18	0. 86	0. 79	0. 48	0. 31
山东	25. 23	23. 18	18. 99	18. 21	16. 47	11. 35	20. 66	15. 58	11. 94	8. 93	8. 58	6. 56	4. 92	5. 24	8. 90
河南	3. 74	6. 06	7. 95	5. 73	3. 53	4. 65	4. 37	5. 43	4. 96	3. 38	2. 26	2. 28	1. 79	1. 79	1. 17
湖南	6. 39	7. 40	4. 55	3. 15	3. 35	1. 49	2. 99	2. 04	2. 08	1. 81	1. 29	1. 46	1. 03	0. 92	0. 65
重庆	4. 64	4. 88	4. 28	3. 36	2. 71	1. 08	1. 81	1. 34	1. 29	1. 46	1. 44	1. 06	0. 87	0. 76	0. 91
北京	23. 41	6. 30	16. 53	15. 29	12. 79	11. 22	26. 83	11. 16	11. 05	6. 26	2. 35	0. 66	0. 93	0. 65	4. 21
吉林	3. 56	9. 14	8. 31	2. 22	0. 98	0. 92	1. 32	1. 21	0. 69	0. 90	0. 39	0. 88	0. 50	0. 73	0. 68
上海	5. 17	9. 38	6. 02	6. 16	2. 79	6. 24	5. 60	6. 64	5. 39	3. 96	2. 79	2. 59	2. 74	1. 82	2. 03
天津	5. 38	4. 04	4. 88	4. 52	3. 91	3. 07	9. 50	4. 24	2. 23	2. 35	1. 85	1. 03	1. 16	0. 75	0. 84
安徽	8. 21	5. 87	5. 87	4. 52	2. 52	1. 95	6. 35	5. 43	2. 45	2. 88	1. 59	2. 08	1. 07	0. 84	0. 54
江苏	20. 10	15. 43	13. 41	14. 82	8. 47	11. 87	16. 46	15. 76	14. 62	18. 82	9. 35	10. 16	8. 49	5. 94	4. 19
广东	20. 93	9. 79	6. 85	18. 73	3. 75	8. 73	7. 58	5. 58	4. 46	5. 04	3. 25	3. 61	2. 85	3. 82	2. 27

附表 4 2000 – 2014 年 31 省(市、区)R&D 经费外部支出中对其他企业支出金额(单位:亿元)

年份	2014	2013	2012	2011	2010	2009	2008	2007	2006	2005	2004	2003	2002	2001	2000
四川	3. 42	3. 43	3. 06	2. 23	1. 95	2. 35	2. 89	3. 21	2. 58	1. 56	1. 49	1. 29	0. 95	1. 61	0. 73
西藏	0. 01	0. 00	0. 30	0. 01	0. 00	0. 02	0. 00	0. 00	0. 00	0. 00	0. 00	0. 00	0. 00	0. 00	0. 00
陕西	1. 99	1. 76	3. 45	2. 15	1. 82	1. 48	3. 27	1. 97	1. 64	2. 05	1. 75	1. 78	1. 25	1. 77	0. 43
黑龙江	2. 62	1. 75	2. 35	2. 62	2. 26	1. 99	3. 22	3. 85	3. 72	2. 23	1. 93	1. 19	0. 93	0. 69	0. 35
海南	0. 07	0. 06	0. 05	0. 03	0. 04	0. 04	0. 19	0. 01	0. 02	0. 02	0. 01	0. 00	0. 00	0. 00	0. 03
云南	0. 62	0. 66	0. 54	0. 52	0. 37	0. 34	2. 06	1. 60	1. 70	0. 68	0. 63	0. 35	0. 33	0. 11	0. 17
甘肃	4. 15	1. 89	2. 28	1. 28	0. 96	0. 71	8. 61	8. 40	6. 45	6. 22	2. 68	1. 52	0. 19	0. 19	0. 40
青海	0. 14	0. 09	0. 07	2. 08	0. 12	0. 44	0. 77	0. 75	0. 52	0. 43	0. 11	0. 04	0. 09	0. 03	0. 05
辽宁	2. 76	2. 78	1. 22	1. 28	1. 24	1. 61	13. 31	6. 95	5. 72	5. 15	4. 51	2. 36	1. 98	2. 18	3. 49
江西	0. 88	1. 29	2. 24	1. 19	1. 42	1. 90	5. 98	5. 02	3. 17	1. 93	1. 07	0. 54	0. 30	0. 44	0. 19
湖北	2. 20	3. 08	1. 80	1. 73	1. 39	1. 01	6. 02	3. 91	1. 03	1. 56	1. 31	1. 37	0. 72	0. 60	0. 83
广西	0. 46	0. 91	0. 92	0. 77	0. 47	0. 40	2. 69	1. 41	3. 39	0. 89	0. 40	0. 23	0. 12	0. 16	0. 22
贵州	0. 53	0. 35	0. 54	0. 48	0. 28	0. 42	1. 23	1. 21	0. 31	0. 40	0. 83	0. 31	0. 31	0. 44	0. 43
宁夏	0. 34	0. 41	0. 21	0. 31	0. 08	0. 05	0. 28	0. 16	0. 17	0. 12	0. 09	0. 11	0. 33	0. 12	0. 33
新疆	1. 65	0. 46	0. 98	0. 56	0. 79	1. 05	1. 12	0. 59	1. 83	0. 91	0. 85	0. 63	0. 97	0. 50	0. 77
河北	5. 38	4. 63	4. 33	2. 16	1. 41	1. 05	4. 37	2. 90	2. 49	1. 70	3. 38	1. 94	0. 87	0. 49	0. 42

续表

年份	2014	2013	2012	2011	2010	2009	2008	2007	2006	2005	2004	2003	2002	2001	2000
山西	2.34	2.21	2.21	1.98	1.60	1.66	7.75	3.43	2.55	1.59	1.26	1.10	0.81	0.65	0.37
内蒙古	0.86	0.88	0.86	0.81	0.64	0.39	1.05	0.91	0.95	0.58	0.35	0.23	0.14	0.14	0.16
浙江	4.07	4.75	4.91	4.90	2.78	3.41	14.81	10.69	4.98	8.95	3.22	2.64	1.44	1.59	0.94
福建	1.78	1.66	1.75	1.84	1.03	0.74	5.78	5.81	5.21	4.49	4.29	0.96	1.38	0.89	0.52
山东	17.96	17.00	17.82	14.43	12.14	7.70	12.84	9.25	6.25	4.70	5.00	3.16	1.78	1.61	1.73
河南	3.25	3.38	3.34	2.47	1.77	2.29	6.57	4.04	1.95	1.76	1.26	1.07	1.65	1.78	0.66
湖南	2.59	3.69	4.79	1.53	1.57	2.20	1.33	4.64	2.43	0.97	2.19	1.24	0.70	0.79	0.48
重庆	0.98	0.84	0.79	0.85	0.72	0.74	5.97	3.41	2.59	4.58	4.74	1.07	0.99	0.66	0.26
北京	0.99	1.18	1.79	0.92	1.08	1.04	11.17	3.95	3.76	1.88	1.65	0.74	0.50	0.92	1.45
吉林	0.90	6.14	4.02	0.94	0.69	0.53	1.84	1.12	0.92	0.94	0.11	0.23	0.13	0.22	0.15
上海	1.92	2.67	2.10	1.78	2.50	2.68	20.95	34.77	21.65	12.80	9.60	2.36	3.46	2.69	1.45
天津	2.28	2.11	1.32	0.95	1.53	1.37	38.65	37.42	22.11	1.76	12.40	1.29	0.85	0.55	0.30
安徽	3.05	3.42	3.42	2.45	2.16	1.59	5.65	8.92	5.63	6.80	3.72	0.39	0.98	0.34	0.18
江苏	9.63	8.48	7.82	9.16	4.92	5.26	17.55	21.27	10.00	10.86	10.22	4.32	3.59	2.80	2.11
广东	2.50	5.03	4.54	11.24	2.42	4.62	14.42	12.30	17.15	13.00	11.87	3.62	3.62	1.63	1.45

附表 5　2000－2014 年 31 省（市、区）R&D 经费内部支出中政府资金金额（单位：亿元）

年份	2014	2013	2012	2011	2010	2009	2008	2007	2006	2005	2004	2003	2002	2001	2000
四川	193.23	152.78	171.20	150.13	149.50	104.41	136.56	109.23	110.91	87.86	65.16	67.75	60.65	55.80	44.79
西藏	1.98	1.80	1.24	0.97	1.06	0.83	4.26	1.63	1.11	0.86	0.96	0.58	0.74	0.39	0.47
陕西	199.98	192.02	161.83	141.44	131.00	115.23	135.08	122.14	96.54	94.85	73.63	62.62	64.57	49.63	41.76
黑龙江	62.52	69.28	55.45	36.23	37.58	41.02	51.43	46.53	27.28	27.27	19.94	22.57	16.72	14.64	12.46
海南	5.69	5.20	4.61	4.25	4.10	3.15	6.07	4.76	3.70	2.56	2.26	1.96	2.38	1.27	1.18
云南	24.91	24.88	21.77	17.54	17.46	15.96	24.81	21.54	19.16	16.63	13.05	11.59	10.85	9.76	8.99
甘肃	26.77	23.95	21.88	17.15	16.27	14.16	22.08	18.93	16.05	15.17	12.64	11.43	10.55	7.69	8.03
青海	4.20	3.91	3.51	3.23	3.12	2.15	3.28	3.56	3.01	2.10	2.35	2.17	1.97	1.83	1.41
辽宁	92.70	96.54	90.04	82.25	65.59	48.78	75.80	66.35	48.84	42.56	40.56	33.97	47.03	25.17	27.18
江西	26.01	24.23	19.56	18.66	17.31	16.93	22.78	20.25	13.32	8.82	9.63	7.58	7.61	6.73	5.16
湖北	97.84	92.44	82.99	72.24	61.94	55.78	81.25	71.85	54.29	46.99	34.94	35.21	33.65	27.73	24.37
广西	23.48	21.01	21.25	17.20	15.21	11.38	15.48	14.28	11.87	9.26	9.19	8.49	6.69	4.62	6.25
贵州	13.27	12.35	8.90	7.52	7.53	5.55	10.76	8.85	7.23	5.53	4.63	4.84	4.63	3.71	3.38
宁夏	5.39	4.41	4.15	3.37	2.67	2.44	3.42	3.58	2.81	2.08	2.18	1.81	2.13	1.80	1.35
新疆	12.30	11.90	10.67	8.81	7.98	6.28	10.92	8.74	6.21	5.83	5.23	4.91	4.61	4.00	3.83
河北	42.71	38.79	38.49	32.44	27.39	29.30	37.92	32.13	28.54	21.85	20.53	20.97	16.34	14.20	15.71

续表

年份	2014	2013	2012	2011	2010	2009	2008	2007	2006	2005	2004	2003	2002	2001	2000
山西	20. 33	24. 80	18. 16	15. 65	13. 16	13. 73	22. 76	20. 37	16. 79	15. 03	12. 67	11. 29	10. 56	10. 68	8. 60
内蒙古	14. 16	15. 06	11. 81	12. 06	9. 38	8. 21	12. 52	11. 36	9. 73	8. 68	6. 90	6. 25	5. 19	4. 86	4. 29
浙江	70. 65	66. 16	60. 41	52. 68	48. 00	36. 63	64. 60	61. 35	56. 79	46. 08	35. 51	26. 94	21. 81	16. 64	13. 26
福建	29. 80	25. 92	21. 60	18. 31	17. 61	14. 64	23. 20	22. 60	14. 62	12. 46	11. 17	9. 02	7. 83	7. 46	6. 48
山东	101. 38	98. 55	92. 19	72. 06	58. 88	44. 90	63. 59	50. 49	38. 98	30. 44	32. 77	20. 64	20. 50	17. 30	15. 68
河南	45. 50	43. 30	42. 71	33. 94	31. 71	27. 76	34. 58	35. 08	29. 86	25. 93	20. 28	16. 59	15. 50	13. 21	13. 42
湖南	50. 09	46. 10	37. 01	31. 15	26. 57	24. 44	37. 63	26. 94	24. 54	18. 16	15. 63	14. 46	14. 60	14. 01	10. 34
重庆	23. 25	24. 11	23. 06	20. 14	20. 82	15. 31	19. 19	16. 53	13. 23	12. 69	9. 98	8. 15	7. 89	6. 80	7. 91
北京	700. 07	679. 54	565. 99	497. 85	472. 07	349. 49	495. 97	476. 03	374. 22	332. 02	272. 83	216. 24	215. 10	174. 90	168. 26
吉林	45. 53	42. 66	40. 16	33. 47	29. 11	25. 59	32. 09	30. 23	22. 32	18. 20	16. 04	14. 36	14. 76	1. 64	10. 00
上海	292. 36	245. 55	225. 76	175. 93	142. 78	112. 92	158. 46	134. 94	101. 71	99. 10	78. 97	70. 45	62. 77	51. 32	41. 95
天津	74. 58	72. 63	58. 07	47. 60	44. 14	32. 36	43. 48	34. 91	28. 08	33. 68	21. 94	18. 22	15. 06	12. 77	11. 46
安徽	85. 42	82. 89	60. 21	46. 89	36. 07	31. 24	40. 63	40. 15	32. 59	31. 44	28. 67	23. 12	23. 66	14. 32	13. 88
江苏	133. 31	141. 58	138. 82	117. 60	114. 54	90. 40	136. 86	119. 98	93. 90	89. 86	62. 14	54. 77	38. 42	43. 79	37. 69
广东	116. 66	116. 22	107. 90	94. 19	65. 76	57. 29	74. 60	67. 67	59. 63	49. 10	43. 13	37. 80	32. 21	29. 06	23. 83

附表6　2000－2014年31省（市、区）R&D经费内部支出中企业资金金额（单位：亿元）

年份	2014	2013	2012	2011	2010	2009	2008	2007	2006	2005	2004	2003	2002	2001	2000
四川	221.78	200.19	167.40	135.47	108.90	103.76	192.93	167.64	139.31	130.76	95.82	68.29	56.76	48.04	37.54
西藏	0.31	0.48	0.51	0.16	0.37	0.58	0.93	0.03	0.03	0.03	0.03	0.01	0.01	0.01	0.01
陕西	155.29	132.87	114.52	97.77	76.73	62.36	104.34	82.49	66.84	63.10	65.15	46.06	31.60	31.59	27.71
黑龙江	92.88	91.63	86.74	89.65	80.10	65.41	85.27	70.72	67.78	47.79	49.20	36.87	27.57	26.40	22.28
海南	10.88	9.36	7.80	5.66	2.59	2.21	6.93	5.74	6.56	6.68	2.88	0.97	0.94	1.33	1.96
云南	55.78	50.34	42.93	34.42	24.38	16.35	49.59	35.03	30.55	23.47	17.10	12.46	10.71	9.30	9.19
甘肃	47.58	41.01	36.36	29.09	24.00	20.74	50.38	48.85	35.56	26.22	18.98	10.86	9.19	9.90	9.12
青海	9.83	9.27	9.23	9.04	6.41	5.14	9.71	9.24	7.66	6.82	5.15	4.04	3.78	2.56	2.80
辽宁	335.84	339.93	296.41	276.62	214.33	178.95	256.16	202.28	157.26	152.36	132.11	101.02	89.46	69.33	60.62
江西	122.64	104.10	90.34	75.42	67.33	56.07	80.37	61.14	51.32	36.36	26.80	19.93	13.44	11.55	11.08
湖北	398.59	338.84	288.10	239.09	192.68	150.15	200.03	132.02	111.41	100.12	81.04	69.30	60.68	71.47	67.40
广西	82.66	80.48	70.35	60.10	45.19	33.91	57.95	42.09	31.99	36.22	25.40	21.27	14.95	13.42	12.46
贵州	38.85	31.59	28.85	26.89	20.27	18.43	35.14	25.42	20.59	16.27	13.57	10.10	8.09	7.28	6.48
宁夏	17.96	16.21	13.74	11.43	8.65	7.84	11.22	14.38	9.23	5.03	5.15	4.36	3.84	3.18	3.52
新疆	36.07	32.01	27.82	22.94	18.05	14.25	38.18	22.94	23.08	19.43	19.06	11.75	9.59	8.49	8.70

续表

河北	263. 95	237. 26	202. 70	166. 62	122. 02	101. 31	142. 29	122. 10	97. 58	90. 12	64. 50	46. 17	38. 76	31. 11	31. 54
山西	128. 86	126. 37	110. 18	93. 46	74. 87	65. 19	158. 71	150. 09	101. 06	56. 07	48. 00	31. 14	24. 80	19. 78	15. 95
内蒙古	105. 29	96. 72	84. 97	71. 95	52. 34	41. 58	51. 66	34. 06	28. 53	24. 03	16. 37	11. 11	7. 90	6. 10	5. 30
浙江	817. 35	733. 62	644. 36	524. 04	435. 45	353. 69	570. 31	459. 61	369. 20	287. 33	202. 76	150. 56	113. 62	89. 78	70. 18
福建	316. 47	279. 57	242. 56	197. 13	148. 45	116. 59	180. 28	147. 45	123. 24	93. 58	72. 81	60. 57	40. 00	40. 31	36. 68
山东	1179. 37	1055. 92	907. 04	756. 27	600. 17	462. 80	639. 81	507. 55	365. 15	294. 84	235. 27	174. 26	144. 80	135. 05	116. 59
河南	341. 63	299. 90	254. 19	221. 41	172. 49	142. 19	207. 86	175. 16	130. 08	88. 46	83. 90	56. 81	41. 00	36. 00	36. 27
湖南	307. 42	272. 07	241. 74	192. 79	150. 98	121. 58	159. 04	116. 00	95. 88	76. 68	66. 67	51. 88	45. 51	44. 50	38. 96
重庆	173. 58	145. 33	125. 82	101. 48	75. 53	61. 34	99. 48	74. 94	57. 20	55. 76	41. 33	31. 90	25. 08	22. 22	17. 77
北京	434. 69	401. 13	368. 63	322. 96	270. 43	241. 16	456. 79	375. 22	364. 32	293. 14	236. 06	174. 84	153. 60	118. 73	121. 13
吉林	80. 43	71. 53	65. 30	52. 72	43. 57	52. 94	77. 51	82. 02	73. 88	68. 94	36. 83	36. 78	38. 59	18. 10	17. 16
上海	513. 15	481. 13	413. 60	392. 05	318. 28	283. 00	392. 46	385. 91	323. 50	314. 52	242. 81	201. 96	181. 12	166. 23	145. 24
天津	365. 89	329. 35	284. 11	231. 47	170. 20	136. 20	253. 55	214. 96	150. 61	134. 01	92. 20	66. 28	45. 60	41. 85	31. 46
安徽	289. 15	257. 93	209. 19	159. 65	118. 86	94. 25	178. 57	126. 15	96. 80	77. 02	68. 29	51. 80	42. 30	30. 88	25. 44
江苏	1426. 66	1280. 87	1098. 56	910. 14	710. 60	574. 82	919. 79	706. 45	523. 15	434. 26	384. 00	243. 78	191. 64	155. 71	131. 53
广东	1445. 72	1290. 71	1090. 95	912. 72	708. 93	577. 85	703. 26	583. 01	447. 60	380. 87	321. 98	262. 99	222. 38	197. 28	174. 31

附表 7 2000－2011 年 31 省(市、区)工业企业新产品总产值(单位:亿元)

年份	2000	2001	2002	2003	2004	2005	2006	2007	2008	2009	2010	2011
北京	514.81	570.72	639.80	644.98	1036.19	878.10	1229.02	2428.79	3030.87	2667.61	2538.91	3548.31
天津	466.73	578.50	728.12	808.06	1394.00	1551.64	1975.72	2200.28	2818.76	2907.11	3224.46	3796.51
河北	130.54	139.35	159.36	221.15	369.81	428.57	609.81	797.27	1057.29	1167.33	1286.45	1989.92
山西	52.63	39.89	57.10	133.08	223.65	296.20	407.74	534.78	677.58	756.90	675.93	890.71
内蒙古	27.98	34.03	39.66	110.3024	135.60	197.91	223.73	239.90	327.98	564.24	606.81	542.49
辽宁	333.75	379.97	505.98	727.53	972.57	951.15	1245.53	1453.86	1982.43	2599.97	2122.98	2846.65
吉林	194.42	238.21	216.90	70.79	156.77	869.10	1081.03	1293.73	1638.83	2934.22	1526.01	2288.30
黑龙江	100.73	87.39	105.40	151.73	233.27	343.78	314.51	429.58	475.10	515.83	595.27	571.92
上海	1355.13	1654.41	1979.61	2189.06	2768.20	3123.54	3962.99	4413.01	4725.58	4921.23	5504.38	7142.05
江苏	1001.79	1118.73	1482.33	1772.04	2923.30	2847.78	3390.72	5160.10	7290.15	10015.65	9608.52	13755.2097.6
浙江	532.90	518.23	591.37	1076.38	2414.84	2277.59	3122.75	4190.21	6753.24	6801.20	6584.46	10749.58
安徽	123.99	135.96	196.22	173.56	442.60	437.76	491.72	774.44	1129.54	1708.81	1983.77	3359.32
福建	213.30	304.00	332.97	815.26	842.65	1024.80	1179.97	1406.72	1777.54	1808.11	2158.76	3194.71
江西	69.79	71.34	93.66	127.95	193.16	245.04	406.27	505.98	623.88	531.36	783.50	952.65
山东	769.99	859.85	1197.07	1463.92	2277.18	2503.19	312.60	4168.00	5631.20	7236.45	8797.27	10919.81
河南	146.80	157.52	212.64	282.10	499.64	608.62	835.42	1137.30	1449.79	1584.45	1709.27	2606.49

续表

年份	2000	2001	2002	2003	2004	2005	2006	2007	2008	2009	2010	2011
湖北	264. 54	263. 48	267. 24	394. 40	564. 92	637. 56	575. 95	1107. 72	1830. 11	1839. 47	2422. 77	3233. 72
湖南	10. 55	122. 73	163. 47	197. 81	482. 22	480. 26	555. 91	817. 52	1642. 03	2325. 50	2425. 29	3873. 3738. 5
广东	868. 70	1126. 17	1274. 21	2027. 31	3222. 23	3537. 15	4419. 56	5436. 10	7862. 17	8483. 48	11498. 37	14694. 30
广西	105. 05	109. 39	117. 60	179. 08	294. 05	271. 72	327. 47	482. 73	553. 63	781. 76	986. 06	1218. 79
海南	1. 60	20. 21	30. 61	57. 79	66. 74	78. 07	116. 39	90. 99	63. 96	25. 78	98. 30	141. 05
重庆	180. 54	183. 80	287. 01	379. 84	519. 80	592. 42	783. 83	1156. 75	1726. 52	1965. 13	2642. 04	3169. 75
四川	230. 32	222. 68	345. 07	370. 56	500. 14	574. 61	851. 83	1186. 67	1902. 19	2391. 99	1562. 92	2064. 04
贵州	30. 48	25. 76	26. 99	59. 60	78. 12	103. 85	173. 31	184. 74	188. 44	199. 06	330. 04	950. 38
云南	23. 53	37. 60	31. 59	40. 44	81. 27	62. 84	168. 25	289. 12	286. 20	273. 56	240. 83	356. 8221. 4
西藏					0. 04				3. 91	5. 47		1. 70
陕西	94. 85	97. 00	110. 83	160. 27	236. 05	291. 48	383. 60	452. 49	527. 87	685. 94	941. 96	1091. 66
甘肃	33. 75	28. 76	21. 62	19. 94	50. 38	85. 34	167. 81	251. 42	244. 69	169. 31	364. 19	510. 06
青海	1. 48	3. 17	4. 78	5. 55	5. 81	15. 06	44. 31	39. 21	49. 44	54. 41	16. 56	8. 50
宁夏	13. 50	13. 10	9. 25	16. 92	25. 56	34. 60	50. 08	49. 56	84. 77	112. 63	102. 08	153. 10
新疆	8. 21	12. 09	12. 92	9. 74	30. 96	32. 62	40. 78	84. 80	167. 03	164. 50	268. 12	268. 60

附表8　2000－2014年31省(市、区)工业企业新产品销售收入(单位:亿元)

年份	2000	2001	2002	2003	2004	2005	2006	2007	2008	2009	2010	2011	2012	2013	2014
北京	564.96	555.66	639.72	478.55	1105.21	878.20	1213.78	2345.88	3058.91	2831.50	2495.53	3480.33	3317.63	3672.77	4247.00
天津	403.79	549.24	703.85	801.74	1355.74	1545.62	1886.51	2143.01	2750.18	2826.27	3170.50	3831.14	4460.10	5569.69	5665.11
河北	123.90	137.76	157.98	221.21	369.49	436.46	613.07	796.65	1068.59	1163.40	1306.22	1899.23	2457.66	2916.03	3334.03
山西	50.71	37.00	56.38	127.50	194.65	284.15	404.18	519.91	667.75	629.62	597.09	860.99	928.39	1027.27	924.68
内蒙古	25.86	33.60	34.15	106.88	264.30	187.06	229.57	252.00	343.97	334.03	526.14	518.89	581.49	628.50	55.73
辽宁	300.42	362.06	476.21	666.75	939.76	918.32	1210.47	1409.24	1919.67	2586.88	2161.04	2959.96	3193.60	4093.18	4036.96
吉林	145.71	23.87	199.07	62.28	156.31	447.91	821.33	862.34	1210.46	2892.58	1654.17	2407.56	2157.80	703.19	1659.99
黑龙江	92.94	82.90	103.93	149.90	194.98	295.92	302.78	437.05	452.92	509.76	551.93	558.68	565.51	582.50	527.28
上海	1351.64	1610.44	1952.33	2188.87	2822.18	3148.72	4137.17	4529.09	4894.85	5444.08	6180.81	7772.20	7399.91	7688.38	8446.96
江苏	973.30	1063.04	1442.72	1730.35	2763.81	2679.67	3270.33	4995.31	7243.42	8523.63	9387.21	14842.11	17845.42	19714.21	23540.93
浙江	511.05	512.05	526.98	1013.67	2340.93	2149.78	2946.83	4016.58	6408.15	6348.30	6282.62	10049.39	11283.97	14882.10	16507.86
安徽	103.50	150.81	219.48	173.15	419.90	407.54	512.68	688.29	1104.21	1533.38	1997.12	3182.61	3731.85	4379.08	5280.88
福建	194.85	259.13	338.72	828.36	828.11	990.50	1129.63	1349.57	1746.40	1767.49	1985.34	3113.89	3291.15	3440.10	3511.71
江西	63.37	73.16	87.83	127.31	176.30	235.99	387.12	490.84	601.44	509.47	762.04	941.87	1287.13	1682.93	1756.38
山东	730.14	864.88	1166.22	1371.54	2328.70	2480.54	3073.87	4212.70	5587.69	7191.93	8905.67	11184.41	12913.18	14284.18	14555.82
河南	141.93	132.64	191.82	257.00	467.15	594.94	837.71	1112.66	1454.16	1771.04	1828.74	2550.16	2576.20	4791.45	5168.95

续表

年份	2000	2001	2002	2003	2004	2005	2006	2007	2008	2009	2010	2011	2012	2013	2014
湖北	242. 79	235. 74	251. 13	362. 29	508. 72	590. 60	541. 91	1091. 54	1797. 91	1811. 69	2330. 16	3099. 42	3698. 41	4654. 48	5274. 59
湖南	99. 99	118. 80	166. 09	194. 42	457. 22	457. 48	544. 66	802. 24	1602. 02	2318. 77	2350. 13	3759. 52	4768. 98	5724. 63	6310. 37
广东	841. 53	1075. 81	1168. 10	2007. 60	3278. 05	3383. 88	4216. 53	4770. 34	7469. 55	8295. 55	11301. 70	14382. 27	15402. 85	18013. 74	20313. 32
广西	119. 49	105. 39	118. 28	179. 74	275. 75	267. 08	331. 36	501. 61	594. 15	822. 38	951. 58	1226. 09	1236. 93	1586. 60	1348. 42
海南	2. 72	17. 26	30. 57	55. 63	67. 09	9. 20	11. 19	81. 39	69. 90	24. 92	94. 05	135. 05	134. 47	160. 12	148. 26
重庆	166. 08	194. 66	274. 34	361. 46	508. 90	600. 07	743. 87	1107. 75	1681. 14	1902. 98	2478. 03	3028. 03	2429. 92	2696. 11	3610. 78
四川	203. 11	212. 22	316. 53	345. 85	500. 14	555. 83	821. 25	1101. 55	1798. 22	2184. 67	1435. 78	2100. 32	2095. 98	2475. 88	2711. 30
贵州	22. 43	23. 58	37. 03	52. 95	75. 77	80. 74	171. 24	184. 88	185. 43	189. 12	310. 65	444. 21	383. 28	368. 32	408. 37
云南	24. 54	36. 13	32. 17	35. 21	73. 94	60. 44	155. 64	334. 92	309. 16	273. 97	232. 88	380. 82	446. 82	443. 38	518. 26
西藏					0. 06				3. 14	4. 82		1. 77	2. 10	2. 35	
陕西	83. 14	81. 92	104. 82	143. 95	218. 20	272. 14	322. 79	444. 13	487. 78	656. 66	868. 28	965. 71	871. 59	1015. 48	1126. 76
甘肃	31. 84	21. 87	18. 22	22. 19	44. 69	78. 99	165. 47	225. 90	233. 76	234. 90	344. 24	502. 69	595. 42	618. 53	719. 35
青海	5. 60	2. 28	4. 90	5. 86	3. 86	13. 68	38. 35	38. 60	48. 62	54. 29	17. 07	8. 65	10. 38	12. 54	8. 57
宁夏	12. 59	8. 87	7. 87	15. 21	26. 16	23. 61	46. 85	47. 47	73. 47	96. 32	10. 12	138. 59	185. 63	279. 64	191. 28
新疆	7. 45	11. 13	10. 38	10. 25	42. 51	22. 05	43. 93	82. 73	160. 08	103. 47	255. 98	256. 15	276. 02	353. 33	483. 79

附表9　2000－2014年31省(市、区)科技创新效率

年份	2000	2001	2002	2003	2004	2005	2006	2007	2008	2009	2010	2011	2012	2013	2014
北京	0.81	0.79	0.86	0.85	0.78	0.84	0.80	0.82	0.91	0.89	0.90	0.84	0.87	0.93	0.88
上海	0.96	0.95	0.96	0.94	0.90	0.93	0.93	0.94	0.96	0.96	0.96	0.93	0.92	0.96	0.94
江苏	0.94	0.91	0.95	0.95	0.90	0.88	0.88	0.94	0.98	0.98	0.98	0.97	0.97	0.99	0.96
浙江	0.86	0.78	0.87	0.90	0.88	0.89	0.89	0.92	0.97	0.97	0.97	0.94	0.92	0.98	0.95
山东	0.90	0.88	0.93	0.94	0.89	0.90	0.89	0.93	0.97	0.97	0.98	0.96	0.97	0.98	0.97
广东	0.90	0.90	0.95	0.95	0.92	0.93	0.92	0.91	0.98	0.98	0.98	0.94	0.77	0.98	0.86
天津	0.53	0.60	0.95	0.94	0.59	0.37	0.59	0.73	0.96	0.95	0.95	0.79	0.42	0.95	0.53
河北	0.49	0.52	0.82	0.84	0.53	0.47	0.59	0.66	0.89	0.89	0.90	0.75	0.65	0.92	0.69
辽宁	0.62	0.69	0.90	0.91	0.70	0.59	0.71	0.75	0.93	0.93	0.92	0.81	0.73	0.92	0.81
福建	0.61	0.60	0.80	0.84	0.66	0.72	0.70	0.75	0.92	0.91	0.92	0.82	0.65	0.94	0.59
重庆	0.57	0.53	0.73	0.75	0.54	0.58	0.59	0.68	0.87	0.86	0.86	0.77	0.75	0.87	0.83
四川	0.53	0.57	0.90	0.90	0.59	0.46	0.64	0.71	0.94	0.93	0.92	0.77	0.51	0.92	0.57
安徽	0.47	0.52	0.80	0.80	0.55	0.47	0.55	0.63	0.90	0.90	0.91	0.82	0.76	0.94	0.80
河南	0.53	0.51	0.82	0.86	0.56	0.55	0.65	0.72	0.93	0.93	0.94	0.79	0.51	0.95	0.69
湖北	0.62	0.61	0.87	0.89	0.59	0.52	0.58	0.72	0.93	0.93	0.94	0.82	0.68	0.94	0.78

续表

年份	2000	2001	2002	2003	2004	2005	2006	2007	2008	2009	2010	2011	2012	2013	2014
湖南	0.46	0.49	0.81	0.81	0.56	0.49	0.57	0.66	0.91	0.91	0.92	0.85	0.87	0.94	0.91
海南	0.21	0.24	0.59	0.11	0.28	0.17	0.15	0.06	0.15	0.11	0.09	0.08	0.11	0.11	0.12
山西	0.36	0.35	0.73	0.74	0.42	0.40	0.52	0.59	0.89	0.88	0.87	0.64	0.43	0.84	0.44
吉林	0.54	0.59	0.80	0.76	0.44	0.49	0.62	0.65	0.85	0.88	0.88	0.75	0.70	0.84	0.60
黑龙江	0.44	0.42	0.76	0.83	0.44	0.40	0.50	0.59	0.89	0.89	0.89	0.65	0.29	0.87	0.33
江西	0.35	0.37	0.70	0.72	0.39	0.37	0.49	0.55	0.82	0.83	0.82	0.61	0.55	0.83	0.63
内蒙古	0.27	0.28	0.63	0.56	0.39	0.33	0.36	0.40	0.72	0.76	0.76	0.51	0.36	0.79	0.36
广西	0.49	0.44	0.71	0.68	0.43	0.39	0.43	0.51	0.79	0.83	0.83	0.65	0.53	0.83	0.55
贵州	0.29	0.27	0.65	0.56	0.32	0.25	0.32	0.33	0.52	0.61	0.60	0.34	0.29	0.69	0.31
云南	0.29	0.34	0.69	0.66	0.33	0.24	0.36	0.45	0.74	0.74	0.73	0.47	0.32	0.73	0.35
西藏	0.19	0.19	0.56	0.01	0.23	0.16	0.08	0.01	0.17	0.33	0.14	0.54	0.06	0.19	0.33
陕西	0.42	0.47	0.87	0.89	0.50	0.34	0.52	0.61	0.91	0.90	0.90	0.68	0.33	0.91	0.39
甘肃	0.30	0.31	0.72	0.71	0.34	0.26	0.37	0.43	0.74	0.74	0.72	0.43	0.37	0.69	0.41
青海	0.22	0.22	0.60	0.23	0.25	0.18	0.15	0.09	0.12	0.15	0.15	0.16	0.02	0.09	0.15
宁夏	0.24	0.23	0.59	0.26	0.26	0.19	0.16	0.16	0.27	0.37	0.20	0.02	0.15	0.12	0.09
新疆	0.25	0.28	0.66	0.45	0.29	0.19	0.21	0.25	0.35	0.61	0.58	0.31	0.24	0.47	0.28

参考文献

[1] Koffka, K. Principles of Gestalt Psychology [M]. Londres: Routledge & Kegan Paul, 1935.

[2] Farrell, M. J. The measurement of productive efficiency [J]. Journal of the Royal Statistical Society, 1957, 120 (3): 253 - 290.

[3] DM Blank, GJ Stigler. The Demand and Supply of Scientific Personnel: Comment [J]. Journal of Political Economy, 1958 (40): 191 - 191.

[4] Arrow, K. Econometric welfare and the allocation of resources to invention [M]. Princeton: Princeton University Press, 1962.

[5] Arrow K. The Economic Implications of Learning by Doing [J]. Review of Economic Studies, 1962, 29 (80): 155 - 173.

[6] Langrish, J., Gibbons, M. Wealth from knowledge: a study of innovation industry [M]. London: Maemillan, 1972.

[7] Freeman, C. The economics of industrial innovation [M]. London: Pinter, 1974.

[8] Marquis, myers. Successful industrial innovations [J]. Decision Sciences, 1975, 6 (1): 65 - 77.

[9] Von Hippel E. The dominant role of users in the scientific instrument innovation process [J]. Research Policy, 1976, 5 (3): 212 - 239.

[10] Von Hippel E. The Dominant role of the users in semiconductor and electronic subassembly process innovation [J]. IEEE Transactions on Engineering Management, 1977, 24 (2): 60 - 71.

[11] Stiglitz, Joseph E. Theory of local public Goods [M]. New York: Halsted Press, 1977.

[12] OECD. National innovation systems [R]. Paris: OECD, 1977.

[13] Von Hippel, E. Successful industrial products from customer ideas: presentation of a new customer-active paradigm with evidence and implications [J]. Journal of Marketing, 1978 (42): 39 - 49.

[14] Stiglitz, J. E., Weiss, A. Credit Rationing in Markets with Imperfect Information [J]. American Economic Review, 1981 (17): 393 - 410.

[15] Rosenberg N. Inside the black box: technology and economics [M]. Cambridge: Cambridge University Press, 1982.

[16] Stoneman P. The economic analysis of technical change [M]. Oxford: Oxford University Press, 1983. 78.

[17] Scott, J. T. Firm versus Industry Variability in R&D Intensity [M]. Chicago: University of Chicago Press, 1984.

[18] Levin, R. C., Reiss, P. C. Tests of a Schumpeterian Model of R&D and Market Structure [M]. Chicago: University of Chicago Press, 1984.

[19] WILLIAMSON O E. The Economic institutions of Capital-

ism: Firms, Markets, Relational Contracting [M]. New York: Free Press, 1985.

[20] E Von Hippel. Lead Users: A source of novel product concepts [J]. Management Science, 1986, 32: 791 -805.

[21] Coleman, J. S. Families and schools [J]. Educational Researcher, 1987, 16 (6): 32 -38.

[22] Wellmam, Barry. Social structures: A network approach [M]. Cambridge: Cambridge University Press, 1988.

[23] Von Hippel. E The sources of innovation [M]. New York: Oxford University Press, 1988.

[24] Von Hippel, E. The Sources of Innovation [M]. New York: Oxford University Press, 1988.

[25] Dasgupta, P. Priority, Patents and Imitation, or the Economics of Races and Waiting Games [J]. the Economic Journal, 1988 (98): 66 -80.

[26] Lichtenberg, F. R. The private R&D investment response to federal design and technical competitions [J]. American Economic Review, 1988, 78 (3): 550 -559.

[27] Cohen, W. M. , Levinthal D. A. Innovation and learning: The two faces of Research and Development [J]. Economic Journal, 1989 (94): 569 -596.

[28] Pearce, R. D. The Internationalization of Research and Development by Multinational Enterprises [M]. New York: St. Mar tin' s Press, 1989.

[29] Cohen, Wesley, M. , Levinthal, Daniel A. Absorptive capacity: a new perspective on learning and innovation [J]

. Administrative Science Quarterly, 1990 (35): 128 - 152.

[30] Kelly, S. W., Donnelly, J. H., Jr, Skinner, S. J. Customer participation in service production and delivery [J]. Journal of Retailing, 1990 (66): 315 - 335.

[31] Romer, P. Endogenous technological change [J]. Journal of Political Economy, 1990 (5): 71 - 102.

[32] Manthfield E. Academic research and industrial innovation [J]. Research Policy, 1991 (1): 1 - 12.

[33] Leyden, Dennis P., Albert N. Link. Why are Governmental R&D and Private R&D Complements? [J]. Applied Economics, 1991 (23): 1673 - 1681.

[34] GRILICHES Z. The search for R&D spillovers [J]. Scandinavian Journal of Economics, 1991 (94): 29 - 47.

[35] DeBreason C, Amesse F. Network of innovators: a review and introduction to the issue [J]. Research Policy, 1991, 20 (5): 363 - 379.

[36] Reifschneider, D., Stevenson, R. Systematic departures from the frontier: A framework for the analysis of firm inefficiency [J]. International Economic Review, 1991, 32 (3): 715 - 723.

[37] Freeman C. Networks of innovation: A synthesis of research issues [J]. Research Policy, 1991, 20 (5): 499 - 514.

[38] Burt, R. S. Structural holes: the social structure of competition [M]. Cambridge: Harvard University Press, 1992.

[39] Herstatt C, Von Hippel E. From experience: Development new product concept via the lead user method: A case study in a "low" field [J]. The Journal of Product Innovation Management,

1992, 9 (3): 213 -221.

[40] Caudill, S. B., Ford, J. M. Biases in frontier estimation due to heteroscedasticity [J]. Economics Letters, 1993, 41 (1): 17 -20.

[41] Pine, B. Mass Customization [M]. Boston, MA: Harvard Business School Press, 1993.

[42] Grossman, G. M., E. Helpman. Innovation and Growth in the Global Economy [M]. Cambridge: MIT Press, 1993.

[43] Dunning, J. Multional Enterprises and the Globalization of Innovatory Capacity [J]. Research Policy, 1994 (26): 67 -88.

[44] Gales L, Mansour C D. User involvement in innovation projects: toward an information processing model [J]. Journal of Engineering and Technology Management, 1995 (12): 77 -109.

[45] Caudill, S. B., Ford, J. M., Gropper, D. M. Frontier estimation and firm-specific inefficiency measures in the presence of heteroscedasticity [J]. Journal of Business and Economic Statistics, 1995, 13 (1): 105 -111.

[46] Nonaka I, Takeuchi H. The knowledge—creating company [M]. Oxford: Oxford University Press, 1995.

[47] Littler, D., Leverick, F., Bruce, M. Factors affecting the process of collaborative product development: a study of UK manufacturers of information and communications technology products [J]. Journal of Product Innovation Management, 1995 (12): 16 -32.

[48] Brandenburger, A., Nalebuff, B. Co-opetition [M]. Boston, MA: Harvard Business School Press, 1996.

[49] Mamuneas T P, I M Nadiri. Public R&D policies and cost

behavior of US manufacturing industries [J]. Journal of Public Economics, 1996, 63 (1): 57 -81.

[50] Sanchez, R., Mahoney, J. T. Modularity, flexibility, and knowledge management in product and organizational design [J]. Strategic Management Journal, 1996 (17): 63 -76.

[51] Cooke PN, Braczyk HJ, Heidenreich M. Regional innovation systems: the role of governance in the globalized world [M] London: UCL Press, 1996.

[52] Breschi, Malerba. Sectoral innovation systems: technological regimes, schumpeterian dynamics, and spatial boundaries [M]. London: Pinter Publisher1997. 130 - 157.

[53] Prasada Reddy. New Trends in Globalization of Corporate R&D and Implications for Innovation Capability in Host Countries: A Survey from India [J]. World Development, 1997 (25): 1821 -837.

[54] Hinloopen, J. Subsidizing Cooperative and Noncooperative R&D in Duopoly with Spillovers [J]. Journal of Economics, 1997 (66): 151 -175.

[55] 柳卸林. 企业技术创新管理 [M]. 北京: 科学技术文献出版社, 1997.

[56] Toivanen, O., Niininen, P. Investment, R&D, subsidies, and credit constraints [M]. Working Paper, Department of Economics MIT and Helsinki School of Economics, 1998.

[57] Audretsch D B. Agglomeration and the location of innovative activity [J]. Oxford Review of Economic Policy, 1998, 14 (2): 18 -29.

[58] Goolsbee, A. Does government R&D policy mainly benefit scientists and engineers? [J]. American Economic Review, 1998

(88)：298 -302.

[59] JM PODOLNY，KL PAGE. Network Forms of Organization [J]. Annual Review of Sociology，1998 (24)：57 -76.

[60] 张刚. 企业技术创新的动力源与信息源 [J]. 科研管理，1998，19 (4)：27 -31.

[61] Nonaka，I.，Konno，N. The concept of 'ba'：building a foundation for knowledge creation [J]. California Management Review，1998 (40)：40 -54.

[62] Baldwin，C. Y.，Clark，K. B. The Power of Modularity [M]. Cambridge，MA：MIT Press，1999.

[63] Koschatzky K. Innovation networks of industry and business related services relations between innovation intensity of firms and regional inter firm cooperation [J]. European Planning Studies，1999，7 (6)：737 -757.

[64] Lerner，J. Government as Venture Capitalist：The Long-Run Effects of the SBIR Program [J]. Journal of Business，1999，72 (3)：285 -318.

[65] Guellec D，Van Pottelsberghe B. Does government support stimulate private R&D? [J]. OECD Economic Studies，1999 (29)：95 -122.

[66] Campbell，A. J.，Cooper，R. G. Do customer partnerships improve new product success rates? [J]. Industrial Marketing Management，1999 (28)：507 -519.

[67] Hadri，K. Estimation of a doubly heteroscedastic stochastic frontier cost function [J]. Journal of Business and Economic Statistics，1999，17 (3)：359 -363.

[68] 盖文启，王缉慈．论区域创新网络对我国高新技术中小企业发展的作用 [J]. 中国软科学，1999 (9)：102 –106.

[69] Aboody，D.，Lev，B. Information Asymmetry，R&D and Insider Gains [J]. The Journal of Finance，2000，55 (6)：2747 –2766.

[70] Das，T. K.，Teng，B. S. A resource—based theory of strategic alliances [J]. Journal of Management，2000，26 (1)：31 –60.

[71] Schreyer，P. The contribution of information and communication technology to output growth：A study of the G7 countries [J]. OECD Science，Technology and Industry Working Papers，OECD Publishing，2000.

[72] Kelette，T. J.，Moen，J.，Griliches，Z. Do subsidies to commercial R&D reduce market failures? Microeconomic evaluation studies [J]. Research Policy，2000 (29)：471 –495.

[73] 刘小玄．中国工业企业的所有制结构对效率差异的影响——1995 年全国工业企业普查数据的实证分析 [J]. 经济研究，2000 (2)：17 –25.

[74] 吴贵生，李纪珍，孙议政．技术创新网络和技术外包 [J]. 科研管理，2000，21 (4)：33 –43.

[75] Wallsten S J. The Effects of Governmentindustry R&D Programs on Private R&D：The Case of the Small Business Innovation Research program [J]. The R&D Journal of Economics，2000，31 (1)：82 –100.

[76] David，Paul A.，Bronwyn H. Hall，Andrew A. Toole. Is Public R&D a Complement or Substitute for Private R&D A Review of the Econometric Evidence [J]. Research Policy，2000 (29)：

497 -529.

[77] Klette S. , Moen J. , Griliches Z. Do subsidies to commercial R&D reduce market failures? [J]. Research Policy, 2000, 29 (4 -5): 471 -495.

[78] Von Hippel E, Thomke S, Sonnack M. Creating breakthroughs at 3M [J]. Health Forum Journal, 2000, 43 (4): 20 -26.

[79] Wallsten S. J. The effects of government - industry R&D programs on private R&D: The case of small business innovation research program [J]. RAND Journal of Economics, 2000, 31 (1): 82 -100.

[80] Vandermerwe, S. How increasing value to customers improves business results [J]. Sloan Management Review, 2000 (42): 27 -37.

[81] Vandermerwe, S. How increasing value to customers improves business results [J]. Sloan Management Review, 2000 (42): 27 -37.

[82] Schilling, M. Towards a general modular system theory and its application to inter - firm product modularity [J]. Academy of Management Review, 2000 (25): 312 -334.

[83] Prahalad, C. K. , Ramaswamy, V. Co-opting customer Competence [J]. Harvard Business Review, 2000 (78): 79 -87.

[84] Olson, E. L. , Bakke, G. Implementing the lead user method in a high technology firm: a longitudinal study of intentions versus actions [J]. Journal of Product Innovation Management, 2001 (18): 388 -395.

[85] Schienstock, G. , Hamalainen, T. Transformation of the

Finnish Innovation System: A Network Approach [M]. Helsinki: Sitra Reports Series 7, 2001.

[86] Schilling, M. A., Steensma, H. K. The use of modular organizational forms: an industry - level analysis [J]. Academy of Management Journal, 2001 (44): 1149 - 1168.

[87] Kayworth, T. R., Leidner, D. E. Leadership effectiveness in global virtual groups [J]. Journal of Management Information Systems, 2001 (18): 7 - 40.

[88] 王大洲. 企业创新网络的进化与治理: 一个文献综述 [J]. 科研管理, 2001 (5): 96 - 103.

[89] Guellec, D, Van Pottlesberghe. the effectiveness of public R&D policies [J]. Revue d'Economie Industrielle, 2001 (1): 49 - 68.

[90] 胡明勇, 周寄中. 政府资助对技术创新的作用: 理论分析与政策工具选择 [J]. 科研管理, 2001 (1): 31 - 36.

[91] Feinberg, S. E., Majumdar, S. Technology Spillovers in the Indian Pharmaceutical Industry [J]. Journal of International Business Studies, 2001 (33): 421 - 437.

[92] Bettencourt, L. A., Ostrom, A. L., Brown, S. W., Roundtree, R. I. Client co-production in knowledge intensive business services [J]. California Management Review, 2002 (44): 100 - 128.

[93] Sanders, E. B. N. From user - centered to participatory design approaches. In Frascara, J. (ed.), Design and the Social Sciences: Making Connections [M]. London: Taylor and Francis, 2002.

[94] Lei, D., Greer, C. R. The empathetic organization [J]. Organizational Dynamics, 2003 (32): 142 - 164.

[95] Brockhoff, K. Customers' perspectives of involvement in

new product development [J]. International Journal of Technology Management, 2003 (26): 464 -481.

[96] Nambisan, S. Designing virtual customer environments for new product development: toward a theory [J]. Academy of Management Review, 2002 (27): 392 -413.

[97] Worren, N., Moore, K., Cardona, P. Modularity, strategic flexibility and firm performance: a study of the home appliance industry [J]. Strategic Management Journal, 2002 (23): 123 -140.

[98] Bronwyn H. Hall. The Financing of Research and Development [J]. Oxford Review of Economic Policy, 2002 (18): 35 -51.

[99] 郑德渊, 李湛. R&D 的溢出效应研究 [J]. 中国软科学, 2002, (9): 77 -81.

[100] THOMKESH, HIPPELEV. Customers as innovators: a new way to create value [J]. Harvard Business Review, 2002, 80 (4): 74 -81.

[101] LI LIEN G L, M O RRISON P D, S EARLS M, et al. Performance assessment of the lead user idea - generation process for new product development [J]. Management Science, 2002, 48 (8): 1042 -1059.

[102] 盖文启. 创新网络: 区域经济发展新思维 [M]. 北京: 北京大学出版社, 2002.

[103] LUTHJE C, HERSTATT C, VON HIPPEL E. The dominant role of "local" information in user innovation: The case of mountain biking [M]. US: MIT Sloan School of Management, 2002.

[104] Fang, S. C., Lin, J. L., et al. The Relationship of Foreign R&D Units in Taiwan and The Taiwanese Knowledge flow System

[J]. Technovation, 2002 (22): 371 -383.

[105] Frost T, Birkinshaw J, Ensign P. Centers of excellence in multinational corporations [J]. Strategic Management Journal, 2002, 23 (11): 997 -1018.

[106] Cooke P. Knowledge Economies. Clusters, Learning and Cooperative Advantage [M]. London and New York: Routledge, 2002.

[107] Czarnitzki D, Fier A. Do innovation subsidies crowd out private investment? Evidence from the German Service Sector [R]. Discussion Paper, 2002: 2 -4.

[108] J Lach, S. Do R&D Subsidies Stimulate or Displace Private R&D? Evidence From Israel [J]. Journal of Industrial Economics, 2002, 50 (4): 369 -390.

[109] Hamel, G. Leading the revolution: How to thrive in turbulent times by making innovation a way of life [M]. New York: Plume, 2002.

[110] Ritter, T., Walter, A. Relationship - specific antecedents of customer involvement in new product development [J]. International Journal of Technology Management, 2003 (26): 482 -498.

[111] Athaide, G. A., Stump, R. L., Joshi, A. W. Understanding new product co-development relationships in technology - based, industrial markets [J]. Journal of Marketing Theory and Practice, 2003 (11): 46 -58.

[112] Mikkola, J. J. Modularity, component outsourcing, and inter-firm learning [J]. R&D Management, 2003 (33): 439 -454.

[113] Jeppesen, L. B., Molin, M. J. Consumers as co-developers: learning and innovation outside the firm [J]. Technology Anal-

ysis and Strategic Management, 2003 (15): 363 -383.

[114] 李瑞茜，白俊红．政府 R&D 资助对企业技术创新的影响——基于门槛回归的实证研究 [J]. 中国经济问题，2003 (3): 11 -23.

[115] Onsager K. , Aasen B. The Case of "Rogaland Regional Food Cluster" [A]. In Asheim, B. T. , Coenen, L. , Svensson Henning, M. Nordic SMEs and Regional Innovation Systems - Final Report. Nordic Industrial Fund, Oslo, 2003.

[116] 陈劲，童亮，徐忠辉．移动电话业创新源和领先用户研究 [J]. 科研管理，2003, 24 (3): 25 -31.

[117] L THJE C. Customers as co-inventors: An empirical analysis of the antecedents of customer - driven innovations in the field of medical equipment [C]. Proceedings of the 32th European Marketing Academy Conference, Glasgow, 2003.

[118] FRANKE N, HIPPEL E V. Satisfying heterogeneous user needs via innovation toolkits: the case of Apache security software [J]. Research Policy, 2003, 32 (7): 1199 -1215.

[119] FRANKE N, SHAH S. How communities support innovative activities: an exploration of assistance and sharing among end - users [J]. Research Policy, 2003, 32 (1): 157 -178.

[120] JEPPESEN L B, MOLIN M J. Consumers as co-developers: Learning and innovation outside the firm [J]. Technology Analysis & Strategic Management, 2003, 15 (3): 363 -383.

[121] CHESBROUGH H. Open innovation : the new imperative for creating and profiting from technology [M]. Cambridge: Harvard Business School Press, 2003.

[122] Hargadon, A. B. How breakthroughs happen: the surprising truth about how companies innovate [M]. Cambridge: Harvard Business School Press, 2003.

[123] Hussinger, K. R&D and subsidies at the firm level: an application of parametric and semi—parametric two step—selection models [R]. ZEW Discussion Paper, 2003: 3 -63.

[124] Guellec D, Van Pottelsberghe. The impact of public R&D expenditure on business R&D [J]. Economic Innovation New Technology, 2003, 12 (3): 225 -243.

[125] HUSSINGER. Crowding out or stimulus: the effect of public R&D subsidies on firm's R&D expenditure [R]. Working Paper, 2003.

[126] DOMINIQUE GUELLEC, BRUNO VAN POTTEL, SBERGHE DE LA POTTERIE. The impact of public R&D expenditure on business R&D [J]. Economics of Innovation and New Technology, 2003, 12 (3): 225 -243.

[127] 朱平芳，徐伟民. 政府的科技激励政策对大中型工业企业 R&D 投入及其专利产出的影响——上海市的实证研究 [J]. 经济研究，2003 (6): 45 -53.

[128] Magnusson, P. R. Benefits of involving users in service innovation [J]. European Journal of Innovation Management, 2003 (6): 228 -238.

[129] Magnusson, P. R., Matthing, J., Kristensson, P. Managing user involvement in service innovation: experiments with innovating end users [J]. Journal of Service Research, 2003 (6): 111 -124.

[130] Lüthje C. Customer as co-inventors: An empirical analysis of the antecedents of customer - driven innovations in the field of medi-

cal equipment [C]. Proceedings of the 32nd Annual Conference of the European Marketing Academy, Glasgow, 2003.

[131] Prahalad, D. K., Ramaswamy, V. The Future of Competition: Co-creating Unique Value with Customers [M]. Boston, MA: Harvard Business School Press, 2004.

[132] Franke, N., Piller, F. Value creation by toolkits for user innovation and design: the case of the watch market [J]. Journal of Product Innovation Management, 2004 (21): 401 -415.

[133] Duguet, E. Are R&D subsidies a substitute or a complement to privately funded R&D? Evidence from France using propensity score methods for non experimental data [J]. Revue d' Economie Politique, 2004, 114 (2): 263 -292.

[134] L THJE C. Characteristics of innovating users in a consumer goods field: An empirical study of sport - related product consumers [J]. Technovation, 2004, 24 (9): 683 -695.

[135] 池仁勇，虞晓芬，李正卫. 我国东西部地区技术创新效率差异及其原因分析 [J]. 中国软科学，2004，(8)：128 -131.

[136] Griffith, R., Redding, S., Van Reenen, J. Mapping the Two Faces of R&D: Productivity Growth in a Panel of OECD Industries [J]. Review of Economics and Statistics, 2004, 86 (4): 883 -895.

[137] Tsaiand Wang. R&D Productivity and the Spillover Effects of High-tech Industry on the Traditional Manufacturing 22 Sector: The Case of Taiwan [J]. The World Economy, 2004, 27 (10): 1555 -1570.

[138] Dahlsten, F. Hollywood wives revisited: a study of customer involvement in the XC90 project at Volvo Cars [J]. European

Journal of Innovation Management, 2004 (7): 141 - 149.

[139] Prahalad, D. K., Ramaswamy, V. The Future of Competition: Co-creating Unique Value with Customers [M]. Boston, MA: Harvard Business School Press, 2004.

[140] Kristensson, P., Gustafsson, A., Archer, T. Harnessing the creative potential among users [J]. Journal of Product Innovation Management, 2004 (21): 4 - 14.

[141] Enkel, E., Kausch, C., Gassmann, O. Managing the risk of customer integration [J]. European Management Journal, 2005 (23): 203 - 213.

[142] Sawhney, M., Verona, G., Prandelli, E. Collaborating to create: the internet as a platform for customer engagement in product innovation [J]. Journal of Interactive Marketing, 2005 (19): 4 - 17.

[143] 江岩. 市场失灵、技术生命周期与技术创新政策[J]. 齐鲁学刊, 2005 (3): 150 - 154.

[144] 李艳玲, 潘杰义, 陈明希. 基于DEA的企业技术创新效率评价研究[J]. 河北工业科技, 2005, 22 (2): 74 - 75.

[145] VON HIPPEL E. Democratizing innovation [M]. Cambridge: MIT press, 2005.

[146] 卢福财, 胡平波. 网络组织成员合作的声誉模型分析[J]. 中国工业经济, 2005 (2): 48 - 53.

[147] Asheim B. T., Coenen L. Knowledge bases and regional innovation systems: Comparing Nordic clusters [J]. Research Policy, 2005, 34 (8): 1173 - 1190.

[148] Miozzo, M., Grimshaw, D. Modularity and innovation in knowledge-intensive business services: IT outsourcing in Germany and

the UK [J]. Research Policy, 2005 (34): 1419 – 1439.

[149] Pil, F. K., Cohen, S. K. Modularity: implications, innovation, and sustained advantage [J]. Academy of Management Review, 2006 (31): 995 – 1011.

[150] 吴敬琏，黄少卿．权与利的博弈——转型时期的制度环境与企业家行为 [J]. 品牌，2006 (8)：18 – 21.

[151] 胡卫．论技术创新的市场失灵及其政策含义 [J]. 自然辩证法研究，2006，22 (10)：63 – 67.

[152] 吴瑛，杨宏进．基于 R&D 存量的高技术产业科技资源配置效率 DEA 度量模型 [J]. 科学学与科学技术管理，2006，27 (9)：28 – 32.

[153] 朱有为，徐康宁．中国高技术产业研发效率的实证研究 [J]. 中国工业经济，2006 (11)：38 – 45.

[154] 程宏伟，张永海，常勇．公司 r&d 投入与业绩相关性的实证研究 [J]. 科学管理研究，2006，24 (3)：110 – 113.

[155] 赵珍．中小企业创新网络的构架及其成因分析 [J]. 科学与管理，2006，26 (2)：41 – 43.

[156] Henry Chesbrough, Wim Vanhaverbeke, Joel West. Open innovation: researching a new paradigm [M]. New York: Oxford University Press, 2006.

[157] 吴延兵．R&D 存量、知识函数与生产效率 [J]. 经济学（季刊），2006 (4)：1129 – 1156.

[158] Chang, S. J., Chung, C. N., Mahmood, I. P. When and how does business group affiliation promote firm innovation? A tale of two emerging economies [J]. Organization Science, 2006, 17 (5), 637 – 656.

[159] Feldman M P, Kelley M R. The exante assessment of

knowledge spillovers: Government R&D policy, economic incentives and private firm behavior [J]. Research Policy, 2006, 35 (10): 1509 - 1521.

[160] 张宗益，周勇，钱灿，赖德林．基于SFA模型的我国区域技术创新效率的实证研究 [J]. 2006, 20 (2): 125 - 128.

[161] 赵付民，苏盛安，邹珊刚．我国政府科技投入对大中型工业企业R&D投入的影响分析 [J]. 研究与发展管理，2006 (2): 78 - 84.

[162] Jansen J., Den Bosch F., Volberda H. Exploitative Innovation and Performance: Effects of Organizational Antecedents and Environmental Moderators [J]. Management Science, 2006, 52 (11): 1661 - 1674.

[163] Phene A., Fladmoelindquist K., Marsh L. Break through innovations in the U. S. biotechnology industry: the effects of technological space and geographic origin [J]. Strategic Management Journal, 2006, 27 (4): 369 - 388.

[164] Prandelli, E., Verona, G., Raccagni, D. Diffusion of web - based product innovation [J]. California Management Review, 2006 (48): 109 - 135.

[165] Cook, S. The contribution revolution: letting volunteers build your business [J]. Harvard Business Review, 2006 (86): 60 - 69.

[166] Lettl, C., Herstatt, C., Gemuenden, H. G. Users' contributions to radical innovation: evidence from four cases in the field of medical equipment technology [J]. R&D Management, 2006 (36): 251 - 272.

[167] Selden, L., MacMillan, I. C. Manage customercentric innovation systematically [J]. Harvard Business Review, 2006 (84):

108 – 116.

[168] Lettl C, Herstatt C, Gemuenden H G. Users' contributions to radical innovation: evidence from four cases in the field of medical equipment technology [J]. R&D Management, 2006, 36 (3): 251 – 272.

[169] Franke, N., Von Hippel, E., Schreier, M. Finding commercially attractive user innovations: a test of leaduser theory [J]. Journal of Product Innovation Management, 2006 (23): 301 – 315.

[170] Elofson, G., Robinson, W. N. Collective customer collaboration impacts on supply – chain performance [J]. International Journal of Production Research, 2007 (45): 2567 – 2594.

[171] Visser, F. S., Van der Lugt, R., Stappers, P. J. Sharing user experiences in the product innovation process: participatory design needs participatory communication [J]. Creativity and Innovation Management, 2007 (16): 35 – 45.

[172] Salvador, F. Toward a product system modularity construct: literature review and reconceptualization [J]. IEEE Transactions of Engineering Management, 2007 (54): 219 – 240.

[173] Chen W. R., Miller K. D. Situational and institutional determinants of firms' R&D search intensity [J]. Strategic Management Journal, 2007, 28 (4): 369 – 381.

[174] Morrow J., Sirmon D., Hitt M., et al. Creating value in the face of Declining performance: Firm strategies and organizational recovery [J]. Strategic Management Journal, 2007 (28): 271 – 283.

[175] Helfat C. E., Finkelstein S, Mitchell W, et al. Dynamic Capabilities: Understanding Strategic Change in Organizations [M].

Oxford: Blackwell, 2007.

[176] 郑小平，刘立京，蒋美英. 企业开放式创新的产权欲望研究 [J]. 科学管理研究，2007，25 (3)：42 - 45

[177] 汪少华，汪佳蕾. 浙江产业集群高级化演进与区域创新网络研究 [J]. 科学学研究，2007 (6)：1244 - 1248.

[178] LICHTENTHALER, U. Developing reputation to overcome the imperfections in the markets for knowledge [J]. Research Policy, 2007 (36): 37 - 55.

[179] ATCHLEY, K. Open Innovation: the key to increasing and sustaining the rate of innovation in a fast-moving global economy [J]. International News on Fats, Oil and Related materials, 2007 (18): 489 - 490.

[180] 庄子银. 创新、企业家活动配置与长期经济增长 [J]. 经济研究，2007 (8)：82 - 94.

[181] Gorg H, Strobl E. The Effect of R&D Subsidies on Private R&D [J]. Economica, 2007 (74): 215 - 234.

[182] Fuller, J., Jawecki, G., Muhlbacher, H. Innovation creation by online basketball communities [J]. Journal of Business Research, 2007 (60): 60 - 71.

[183] Chesbrough, H. W., Appleyard, M. M. Open innovation and strategy [J]. California Management Review, 2007 (50): 57 - 76.

[184] Schultze, U., Prandelli, E., Salonen, P. I., Van Alstyne, M. Internet - enabled co-production: partnering or competing with customers? [J]. Communications of the Association for Information Systems, 2007 (19): 294 - 324.

[185] Choi, S. H., Cheung, H. H. A versatile virtual prototyping system for rapid product development [J]. Computers in Industry,

2008 (59): 477 -488.

[186] 董敏儿，莫燕．基于耗散理论的企业创新网络配置机理研究 [J]. 科技和产业，2008 (7): 34 -36.

[187] 杨育，郭波，尹胜，王伟立，张晓冬．客户协同创新的内涵与概念框架及其应用研究 [J]. 计算机集成制造系统，2008，14 (5): 944 -950.

[188] 高凌云，王永中．R&D 溢出渠道、异质性反应与生产率：基于178个国家面板数据的经验研究 [J]. 世界经济，2008，31 (2): 65 -73.

[189] Calatrava Requena J., González Roa, M. C. Technical versus Institutional Innovation in Andalusian Olive Tree Orchards: An Adoption Modelling Analysis [J]. 12th Congress of European Association of Agricultural Economists. Ghent (Belgium), 2008 (8): 26 -29.

[190] 程华．外部性、技术创新与政府作用 [J]. 经济问题探索，2008 (8): 67 -69.

[191] 谢伟，胡玮，夏绍模．中国高新技术产业研发效率及其影响因素分析 [J]. 科学学与科学技术管理，2008 (3): 144 -149.

[192 程华，赵祥．政府科技资助对企业 R&D 产出的影响——基于我国大中型工业企业的实证研究 [J]. 科学学研究，2008，26 (3): 519 -526.

[193] 胡永健，周寄中．政府直接资助强度与企业技术创新投入的关系研究 [J]. 中国软科学，2008，(11): 141 -147.

[194] 杨朝峰，贾小峰．政府公共 R&D 影响经济增长的机制研究 [J]. 中国软科学，2008 (8): 37 -109.

[195] Musso P, Schiavo S. The impact of financial constraints on firm survival and growth [J]. Journal of Evolutionary Economics, 2008, 12 (2): 135 -149.

[196] Youtie J., Shapira P. Building an Innovation Hub: A Case Study of the Transformation of University Roles in Regional Technological and Economic Development [J]. Research Policy, 2008, 37 (8): 1188－1204.

[197] 程华，赵祥．企业规模、研发强度、资助强度与政府科技资助的绩效关系研究——基于浙江民营科技企业的实证研究 [J]. 科研管理，2008 (2): 37－43.

[198] 岳书敬．长三角地区高技术产业创新效率的经验分析 [J]. 南京社会科学，2008 (5): 13－18.

[199] 周绍东．企业技术创新与政府 R&D 补贴：一个博弈 [J]. 产业经济评论：山东大学，2008，7 (3): 38－51.

[200] Gonzalez X., C. Pazo. Do Public Subsidies Stimulate Private R&D Spending [J] Research Policy, 2008, 37 (3): 371－389.

[201] Prandelli, E., Sawhney, M., Verona, G. Collaborating with Customers to Innovate: Conceiving and Marketing Products in the Networking Age [M]. Cheltenham: Edward Elgar, 2008.

[202] Kim, J. H., Bae, Z., Kang, S. H. The role of online brand community in new product development: case studies on digital product manufacturers in Korea [J]. International Journal of Innovation Management, 2008 (12): 357－376.

[203] Prandelli, E., Sawhney, M., Verona, G. Collaborating with Customers to Innovate: Conceiving and Marketing Products in the Networking Age [M]. Cheltenham: Edward Elgar, 2008.

[204] Ordanini, A., Pasini, P. Service co-production and value co-creation: the case for a service－oriented architecture (SOA) [J]. European Management Journal, 2008 (26): 289－297.

[205] Kim, J. H., Bae, Z., Kang, S. H. The role of online

brand community in new product development: case studies on digital product manufacturers in Korea [J]. International Journal of Innovation Management, 2008 (12): 357 -376.

[206] Raasch, C., Herstatt, C., Lock, P. The dynamics of user innovation: drivers and impediments of innovation activities [J]. International Journal of Innovation Management, 2008 (12): 377 -398.

[207] Etgar, M. A descriptive model of the consumer co-production process [J]. Journal of the Academy of Marketing Science, 2008 (36): 97 -108.

[208] Lichtenthaler, U. Open innovation in practice: an analysis of strategic approaches to technology transactions [J]. IEEE Transactions of Engineering Management, 2008 (55): 148 -157.

[209] 马君潞, 陈科, 吕剑, 冯学峰. 基于SFA方法的亚洲新兴市场经济体银行并购效率研究 [J]. 财政理论与实践(双月刊), 2008 (2): 12 -16.

[210] 林坦, 王玲. 基于SFA方法的我国区域物流效率分析 [J]. 港口经济, 2008 (12): 46 -49.

[211] VAN. DE VRANDE V, J P J DE JONG, ER AL. Open innovation in SMEs: trends, motives and management challenges [J]. Technovation, 2009 (6/7): 423 -437.

[212] 程华, 王恩普. 科技活动中外部筹资对研发产出的影响: 基于高技术产业面板数据的实证分析 [J]. 科学学与科学技术管理, 2009 (11): 49 -52.

[213] 梁莱歆, 马如飞, 田元飞. R&D资金筹集来源与企业技术创新——基于我国大中型工业企业的实证研究 [J]. 科学学与科学技术管理, 2009 (07): 89 -93.

[214] 王静, 杨育, 王伟立, 杨洁. 客户协同创新实现机理

及应用研究［J］. 科技进步与对策，2009，26（13）：1－4.

［215］黄玮强，庄新田，姚爽. 企业创新网络的自组织演化模型［J］. 科学学研究，2009，27（5）：793－800.

［216］解维敏，唐清泉，陆姗姗. 政府 R&D 资助，企业 R&D 支出与自主创新——来自中国上市公司的经验证据［J］. 金融研究，2009（6）：86－99.

［217］Perkmann，M.，Walsh，K. The two faces of collaboration：Impacts of university-industry relations on public research［J］. Industrial and Corporate Change，2009，18（6）：1033－1065.

［218］邓路，高连水. 研发投入、行业内 R&D 溢出与自主创新效率——基于中国高技术产业的面板数据（1999－2007）［J］. 财贸研究，2009（5）：9－14.

［219］陈玉芬，陈劲. 开放式创新促进创新绩效的机理研究［J］. 科研管理，2009，7（4）：2－3.

［220］赵勇，白永秀. 知识溢出：一个文献综述［J］. 经济研究，2009（1）：144－156.

［221］鲁志国. 广义资本投入与技术创新能力相关关系研究［M］. 上海：上海三联出版社，2006.

［222］Block，F.，Keller，M. R. Where do innovations come from Transformations in the US economy，1970－2006［J］. Socio-Economic Review，2009，7（3）：459－483.

［223］白俊红，江可申，李婧. 应用随机前沿模型评测中国区域研发创新效率［J］. 管理世界，2009（10）：51－61.

［224］Berube C，Mohnen P. Are firms that receive R&D subsidies more innovative?［J］. Canadian Journal of Economics，2009，42（1）：206－225.

［225］安同良，周绍东，皮建才. R&D 补贴对中国企业自主

创新的激励效应 [J]. 经济研究, 2009 (9): 87 –98.

[226] Lichtenthaler U., Lichtenthaler E. A Capability – Based Framework for Open Innovation: Complementing Absorptive Capacity [J]. Journal of Management Studies, 2009, 46 (8): 1315 –1338.

[227] Luo Y., Liu Y., Xue J. Relationship investment and channel performance: An analysis of mediating forces [J]. Journal of Management Studies, 2009 (46): 1113 –1137.

[228] 李双杰, 范超. 随机前沿分析与数据包络分析方法的评价与比较 [J]. 统计与决策, 2009 (7): 25 –28.

[229] Magnusson, P. R. Exploring the contributions of involving ordinary users in ideation of technology – based services [J]. Journal of Product Innovation Management, 2009 (26): 578 –593.

[230] Campagnolo, D., Camuffo, A. The concept of modularity in management studies: a literature review [J]. International Journal of Management Reviews, 2010 (12): 259 –283.

[231] 刘德胜, 张玉明. 政府研发资助驱动 SME 研发及其效果研究 [J]. 软科学, 2010, 24 (7): 27 –31.

[232] Tuomas Takalo, Tanja Tanayama. Adverse selection and financing of innovation: Is there a need for R&D subsidies [J]. Journal of Technology Transfer, 2010 (35): 16 –41.

[233] Buesaa M., Heijsa J., Baumert T. The determinants of regional innovation in Europe: A combined factorial and regression knowledge production function approach [J]. Research Policy, 2010, 39 (6): 722 –735.

[234] Mehlman, S. K., Uribe-Saucedo, S., Taylor, R. P., Slowinski, G., Carreras, E., Arena, C. Better practices for managing intellectual assets in collaborations [J]. Research Technology Man-

agement, 2010 (53): 55 – 66.

[235] 威廉·鲍莫尔. 企业家精神 [M]. 武汉: 武汉大学出版社, 2010.

[236] 常运琼. 区域创新网络建设的实证研究. 科技管理研究 [J], 2010 (22): 28 – 31.

[237] 肖新友, 聂鸣, 刘义. 高技术产业区创新网络的竞争优势研究 [J]. 科技进步与对策, 2010, 27 (2): 166 – 168.

[238] Leiponen, A., Helfat, C. E. Innovation objectives, knowledge sources, and the benefits of breadth [J]. Strategic Management Journal, 2010 (31): 224 – 236.

[239] Niehaves, B. Open process innovation: the impact of personnel resource scarcity on the involvement of customers and consultants in public sector BPM [J]. Bus Process Management Journal, 2010, 16 (3): 377 – 393.

[240] Kleer R. Government R&D subsidies asasignal for private investors [J]. Research Policy, 2010, 39 (10): 1361 – 1374.

[241] 王俊. R&D 补贴对企业 R&D 投入及创新产出影响的实证研究 [J]. 科学学研究, 2010, 28 (9): 1368 – 1374.

[242] 胡志勇, 贺石中, 孙耀吾. 技术创新网络利益相关者与合作剩余分享研究 [J]. 湖南大学学报 (社会科学版), 2010 (6): 72 – 77.

[243] 余明桂, 回雅甫, 潘红波. 政治联系、寻租与地方政府财政补贴有效性 [J]. 经济研究, 2010 (3): 65 – 77.

[244] 朱向梅. 产学研知识创新网络组织结构的分析框架 [J]. 科技进步与对策, 2010, 27 (13): 117 – 120.

[245] VON HIPPEL E. Open user innovation [J]. Handbook of the Economics of Innovation, 2010 (1): 411 – 427.

[246] BONNER J M. Customer interactivity and new product performance: Moderating effects of product newness and product embeddedness [J]. Industrial Marketing Management, 2010, 39 (3): 485 -492.

[247] 罗彦如，冉茂盛，黄凌云. 中国区域技术创新效率实证研究——三阶段 DEA 模型的应用 [J]. 2010, 27 (14): 20 -25.

[248] 姜宁，黄万. 政府补贴对企业 r&d 投入的影响——基于我国高技术产业的实证研究 [J]. 科学学与科学技术管理, 2010 (7): 28 -33.

[249] 冯文娜. 高新技术企业研发投入与创新产出的关系研究——基于山东省高新技术企业的实证 [J]. 经济问题, 2010 (9): 74 -78.

[250] 马琳，吴金希. 全球创新网络相关理论回顾及研究前瞻 [J]. 自然辩证法研究, 2011, 27 (1): 109 -114.

[251] 艾翅翔. 基于 DEA 模型的我国责任保险效率分析 [J]. 当代经济管理, 2011, 33 (2): 91 -96.

[252] 冯宗宪，王青，侯晓辉. 政府投入、市场化程度与中国工业企业的技术创新效率 [J]. 数量经济技术经济研究, 2011 (4): 3 -17.

[253] Choi, S. B., Lee, S. H., Williams, C. Ownership and firm innovation in a transition economy: Evidence from China [J]. Journal of Research Policy, 2011, 40 (3): 441 -452.

[254] 王俊. 政府 R&D 资助与企业 R&D 投入的产出效率比较 [J]. 数量经济技术经济研究, 2011, 28 (6): 93 -106.

[255] 顾元媛. 寻租行为与 R&D 补贴效率损失 [J]. 经济科学, 2011 (5): 91 -102.

［256］ 高宏伟. 政府补贴对大型国有企业研发的挤出效应研究［J］. 中国科技论坛，2011（8）：15－20.

［257］ MG Colombo，L Grilli，S Murtinu. R&D subsidies and the performance of high－tech start－ups［J］. Economics Letters，2011，112（1）：97－99.

［258］ 白俊红. 中国的 R&D 资助有效吗？来自大中型工业企业的经验证据［J］. 经济学（季刊），2011（4）：1375－1400.

［259］ 李平，王春晖. 异质企业假定下政府研发资助效应的非线性检验［J］. 世界经济文汇，2011（2）：103－120.

［260］ 樊纲，王小鲁，马光荣. 中国市场化进程对经济增长的贡献［J］. 经济研究，2011（2）：4－16.

［261］ 梅亮，徐庆瑞. 创新网络研究评述［J］. 科技管理研究，2011（10）：18－28.

［262］ 解维敏，方红星. 金融发展、融资约束与企业研发投入［J］. 金融研究，2011（5）：171－183.

［263］ 白俊红，李婧. 政府 R&D 资助与企业技术创新——基于效率视角的实证分析［J］. 金融研究，2011（6）：181－193.

［264］ 赵红，李换云. 研发投入、FDI 的 R&D 溢出与自主创新效率的研究——基于重庆制造业的面板数据（2000—2007）［J］. 科技管理研究，2011（3）：174－177.

［265］ Helfat C. E.，Winter S. G. Untangling dynamic and operational capabilities：strategy for the everchanging world［J］. Strategic Management Journal，2011，32（11）：1243－1250.

［266］ STENMARK P，TINNSTEN M，WIKLUND H. Customer involvement in product development：Experiences from Scandinavian outdoor companies［J］. Procedia Engineering，2011（13）：538－543.

[267] KRISTENSSON P, GUSTAFSSON A, WITELL L. Collaboration with customers-Understanding the effect of customer-company interaction in new product development [C]. proceedings of the 44th Hawaii International Conference on System Sciences, United states, 2011.

[268] 蔡地，万迪昉，罗进辉. 产权保护、融资约束与民营企业研发投入 [J]. 研究与发展管理，2012，4 (2)：85 - 93.

[269] 李中，周勤. 内生性约束下研发投入、研发效率与企业绩效——中国高技术产业细分行业的样本 [J]. 软科学，2012，26 (7)：11 - 14.

[270] 孙建. 中国区域技术创新绩效计量研究 [D]. 重庆大学，2012.

[271] 顾元媛. 分权背景下地方政府行为对自主创新的影响 [J]. 南京大学，2012.

[272] 李姗姗，庄乐森. DEA 与 SFA 比较研究 [J]. 新乡学院学报 (自然科学版)，2012，29 (5)：396 - 398.

[273] 马家齐. 协同产品创新中概念设计过程建模及关键技术研究 [D]. 重庆：重庆大学，2012.

[274] B Y K ZKAN G, ARSENYAN J. Collaborative product development: a literature overview [J]. Production Planning & Control, 2012, 23 (1): 47 - 66.

[275] 夏冠军，陆根尧. 资本市场促进了高新技术企业研发投入吗—基于中国上市公司动态面板数据的证据 [J]. 科学学研究，2012，30 (9)：1370 - 1377.

[276] Brown, J. R., Martinsson, G., Petersen, B. C. Do financing constraints matter for R&D? [J]. European Economic Review, 2012 (56): 1512 - 1529.

［277］ Meuleman, M., De Maeseneire, W. Do R&D subsidies affect SME’s access to external financing? ［J］. Research Policy, 2012 (41): 580 -591.

［278］ Flores L. G., Zheng W., Rau D., et al. Organizational Learning: Subprocess Identification, Construct Validation, and an Empirical Test of Cultural Antecedents ［J］. Journal of Management, 2012, 38 (2): 640 -667.

［279］ Clarke G P G, Cull, R, Kisunko G. External finance and firm survival in the aftermath of the crisis: evidence from Eastern Europe and Central Asia ［J］. Journal of Comparative Economics, 2012, 40 (3): 372 -392.

［280］ 王文华，张卓. 金融发展、政府补贴与研发融资约束——来自A股高新技术上市公司的经验证据［J］. 经济与管理研究，2013 (11): 51 -57.

［281］ 黄昱方，陈如意. 创生环境对科技型小微企业资源获取的影响研究［J］. 科技进步与对策，2013 (22): 31 -36.

［282］ 吴祖光，万迪昉. 政府研发资助理论、资助效果与评价研究述评［J］. 科技进步与对策，2013, 30 (17): 155 -160.

［283］ ALTUN K, DERELI T, BAYKASOĞLU A. Development of a framework for customerco-creation in NPD through multi - issue negotiation with issue trade - offs ［J］. Expert Systems with Applications, 2013, 40 (3): 873 -880.

［284］ 李婧. 政府R&D资助对企业技术创新的影响——一个基于国有与非国有企业的比较研究［J］. 研究与发展管理，2013, 25 (3): 18 -24.

［285］ 严成樑，龚六堂. R&D规模、R&D结构与经济增长［J］. 南开经济研究，2013 (2): 3 -19.

[286] 黄贤凤，武博，王建华．政府研发资助、合作研发与企业创新绩效关系研究［J］．软科学，2014，28（1）：15－19.

[287] 李左峰，张铭慎．政府科技项目投入对企业创新绩效的影响研究——来自我国95家创新型企业的证据［J］．企业管理，2012（12）：123－132.

[288] 范允奇，徐玉生．腐败、政府R&D投入与高技术产业技术创新效率［J］．财贸研究，2014（6）：95－102.

[289] 范允奇，李晓钟．政府R&D投入、空间外溢与我国高技术产业技术创新效率［J］．工业技术经济，2014（5）：101－107.

[290] 顾群，瞿淑萍．融资约束、研发投资与资金来源［J］．科学学与科学技术管理，2014（3）：15－22.

[291] 曾萍，邬绮虹．政府支持与企业创新：研究评述与未来展望［J］．研究与发展管理，2014，26（2）：98－109.

[292] 齐结斌，安同良．企业家精神、寻租活动与企业研发投入［J］．华东经济管理，2014，28（5）：114－116.

[293] 代明，刘佳，张杭．企业科技创新市场失灵的形成逻辑与有效治理［J］．中国科技论坛，2014（2）：11－17.

[294] 刘佳，代明．R&D市场失灵：深层动因及其修复探讨［J］．科技进步与对策，2014，31（7）：10－14.

[295] 肖文，林高榜．政府支持、研发管理与技术创新效率——基于中国工业行业的实证分析［J］．管理世界，2014（4）：71－80.

[296] 姚舒．政府研发资助对企业技术创新效率的影响研究［D］，南京财经大学，2014.

[297] 邹彩芬，刘双，代亚利．政府R&D补贴、企业技术创新及其创值能力研究［J］．中国科技论坛，2014（5）：20－26.

[298] 李爽. R&D 强度、政府支持度与新能源企业的技术创新效率 [J]. 软科学, 2016, 30 (3): 11 - 14.

[299] 李永, 孟祥月, 王艳萍. 政府 R&D 资助与企业技术创新——基于多维行业异质性的经验分析 [J]. 科学学与科学技术管理, 2014, 35 (1): 33 - 41.

[300] 逯宇铎, 戴美虹, 刘海洋. 融资约束降低了中国研发企业的生存概率吗? [J]. 科学学研究, 2014, 32 (10): 1476 - 1486.

[301] 张信东, 武俊俊. 政府 R&D 资助强度、企业 R&D 能力与创新绩效——基于创业板上市公司的经验证据 [J]. 科技进步与对策, 2014, 31 (22): 7 - 13.

[302] 范凌钧, 陈燕儿. 政府 R&D 资助对高技术产业技术效率的影响研究 [J]. 运筹与管理, 2014 (04): 246 - 253.

[303] 郑慕强, 李兰芝. 知识溢出效应对创新能力及创新绩效的作用——基于闽粤产业集群的实证研究 [J]. 当代经济管理, 2015, 37 (3): 23 - 29.

[304] 胡曙虹, 杜德斌, 肖刚, 王俊松, 成博阳. 跨国公司在华研发对本土创新机构知识溢出效应的实证研究——基于合作创新的视角 [J]. 软科学, 2015, 29 (10): 10 - 15.

[305] 洪嵩. 政府 R&D 资助、企业 R&D 投入与高技术产业创新效率的关系研究 [D]. 中国科学技术大学, 2015.

[306] 夏丹丹. 政府补贴缓解研发融资约束效应及其影响因素研究——基于高新技术上市公司的经验证据 [D]. 常州大学, 2015.

[307] 邱兆林. 政府干预、企业资助研发与高技术产业创新——基于中国省级面板数据的实证分析 [J]. 经济问题探索, 2015 (4): 43 - 48.

[308] 周任远. 上海高技术产业研发投入与创新效率实证研究 [J]. 当代经济, 2015 (5): 12-14.

[309] 张琼文. 中关村高技术企业政府补助和研发投入现状分析 [D]. 首都经济贸易大学, 2015.

[310] 曹勇, 蒋振宇, 孙合林, 阮茜. 知识溢出效应、创新意愿与创新能力——来自战略性新兴产业企业的实证研究 [J]. 科学学研究, 2016, 34 (1): 89-98.

[311] 陆旸. 全要素生产率的变化趋势及对经济增长的贡献 [J]. 中国金融, 2016 (20): 40-42.

[312] CUI A S, WU F. Utilizing customer knowledge in innovation: antecedents and impact of customer involvement on new product performance [J]. Journal of the Academy of Marketing Science, 2016, 44 (4): 1-23.

[313] 岳英, 万映红. 客户协同创新维度及构成实证研究——以知识密集型服务业为例 [J]. 科技进步与对策, 2016, 33 (13): 106-112.

[314] 吴雷. 开放式创新研究文献综述 [J]. 黑龙江教育学院学报, 2016, 35 (9): 148-150.

[315] 孙康. 政府R&D资助、企业R&D投入和创新效率的关系 [D]. 广东外语外贸大学, 2016.

[316] 张琴, 吴娟鹏. 研发投入对中小企业技术创新效率的影响研究——基于我国东部沿海10省市的数据 [J]. 宁波大学学报 (人文科学版), 2016 (5): 86-91.

[317] 王惠, 王树乔, 苗壮, 李小聪. 研发投入对绿色创新效率的异质门槛效应——基于中国高技术产业的经验研究 [J]. 科研管理, 2016, 37 (2): 63-71.

[318] 陈栋. OFDI中研发投入与创新效率研究 [J]. 科学管

理研究，2016，34（8）：106－109.

［319］郑延冰．民营科技企业研发投入、研发效率与政府资助［J］．科学学研究，2016，34（7）：1036－1043.

［320］武赛赛．上市军工企业研发投入、技术创新绩效与盈利能力的关系研究［D］．北京理工大学，2016.

［321］黎明硕．政府补助、研发投入与企业绩效相关性研究——基于中西部新能源上市公司的经验证据［D］．吉林财经大学，2016.

［322］李彰，苏竣．政府研发资助信号功能的实证研究：基于863计划的分析［J］．中国软科学，2017（2）：54－65.

［323］李平，刘利利．政府研发资助、企业研发投入与中国创新效率［J］．科研管理，2017，38（1）：21－29.

后 记

想写一本有关技术创新方面的书的念头很早就有了。由于多年主要从事创新和创业相关方面的研究，在研究的过程中，我发现2014年全国整体技术创新效率仅为0.55，存在很大的提升空间，这导致我开始思索其中的缘由以及提升我国技术创新效率的对策建议。

写一本书是一个非常艰辛和不断忍受煎熬的过程。在写作的过程中，我得到许多人无私的帮助。首先，我要感谢付宏院长、聂春田书记、苏文慧书记、熊桉副院长和陶珍生副院长等领导的关心和支持，领导们严谨的治学态度、扎实的工作作风以及深邃的思想、渊博的学识对我产生了深刻、长远的影响，让我明白今后该如何做人、如何做事，在我的人生旅程上，领导们丰富我的心灵，开发我的智力，为我点燃了希望的光芒，是激励我积极向上的动力。

其次，我要感谢我本科阶段的毛剑锋教授、吴又胜教授和钟儒钢教授，毛老师、吴老师和钟老师耐心的讲解和授课给我打下了较好的数学基础。感谢研究生阶段的廖丹清教授、陈文科教授、秦尊文教授和彭智敏教授。彭老师是我的研究生导师，他渊博的学识、严谨的治学以及睿智的长者风范都让我敬佩不已并深深折服。忘不了彭老师在我工作毛糙时严厉的批评，也忘不了彭老师在我论文发表时毫不吝啬的表扬，更忘不了彭老师在我研究受挫时那慈父般的关爱。读硕期间，每一篇论文的发表都离不开彭老师的细心指导，每一份成绩的取得都离不开彭老师的悉心栽培，每一丝个人的成长都得益于彭老师永不知疲倦的倾心教诲。陈老师、秦老师学识广博、温文尔雅、耐心细致，对研究主题和方向的理解与把握能力是我学习和努力的方向。他们平易近人的师长魅力、积极进取的生活态度以及无微不至的人文关怀更是激励我开拓前行的动力源泉。廖老师给我们讲授经济学论文写作课程时，已年过六旬，但是上课期间，他一丝不苟的态度实在值得我们学习，最令我们感动的是，在病重期间还逐字逐句地给我们批改课程论文，还挂念着我们的学习。

再次，我要感谢我的父母、我的妻子和我的女儿。感谢我的父母对我的关爱，每一分每一秒对我包容的心态，感谢他们对我无微不至的培养，让快乐与温馨陪伴我的成长。感谢我的妻子和我的女儿，没有他们的支持，无论如何我是完不成这本书的。他们给予了我家庭的温暖幸福，让我没有后顾之忧，能够安心写作。我的妻子是一位典型的中国传统女性，一个贤妻良母，她时时刻刻都在为这个家庭默默地、无私地奉献着。我的女儿，她的撒娇和欢声笑语是我前进的最大动力。

我还要感谢我的同事苏楠、蔡坚、刘汉全、李国民、郭尚武、张全红、李朝辉、李博、刘望辉、陶金、成立、段莹、黄燦、乔长涛、刘其享等各位老师的无私帮助，感谢他们在很多事情上为我提供了便利，为这本书的写作提出了很好的建议。最后，在本书写作过程中我参考了很多国内外专家学者的文献，他们渊博的学识、敏捷的思维和细腻的分析永远值得我学习，在此一并表示感谢。

宋来胜

2017 年 11 月 30 日于藏龙岛